Prof. Hademar Bankhofer

Lecker und gesund

Meine besten Rezepte mit den 50 gesündesten Lebensmitteln

Bassermann

Inhalt

Gesundbleiben mit Messer, Gabel und Löffel – die Küche als Apotheke der Köstlichkeiten

Ganz ehrlich: Haben Sie zu Hause eine gut sortierte Hausapotheke? Sie schütteln betreten den Kopf? Das ist nicht notwendig. Ich weiß es genau: Sie haben eine Super-Hausapotheke in Ihren vier Wänden. Sie meinen diesen kleinen Kasten, der irgendwo in der Wohnung meist an der Wand hängt, für Kinder nicht erreichbar, und in dem Schmerztabletten, Verbandzeug, Augentropfen, Abführmittel und Ähnliches bereitsteht, wenn es einmal gebraucht wird. Mag sein, daß Sie so etwas nicht haben. Aber Sie haben eine Küche. Und das ist für mich die größte und schönste Apotheke, randvoll mit Lebensmitteln, aus denen Sie jeden Tag gesunde Köstlichkeiten zaubern können.

Ärzte, Wissenschaftler und Ernährungsfachleute haben es längst erkannt: Man kann über die tägliche Nahrung ungemein viel dazu beitragen, dass man erst gar nicht krank wird und im Falle von vielen gesundheitlichen Störungen schnell wieder gesund werden kann, wenn man zum richtigen Zeitpunkt die richtigen Speisen und Getränke auftischt. Wie gefährlich die falsche Ernährung sein kann, erleben wir jeden Tag rund um uns, wo viele Menschen immer mehr zunehmen und wo es bereits Kinder gibt, die an Alters-Diabetes vom Typ 2 leiden.

Hippokrates, der berühmte griechische Arzt der Antike, der Vater der Medizin, hat den allseits bekannten Satz geprägt: „deine Lebensmittel sollen deine Heilmittel und deine Heilmittel sollen deine Lebensmittel sein!" So sehr dieser Satz heutzutage bereits abgedroschen und überstrapaziert wird: Er ist einfach gut und trifft den Nagel auf den Kopf. Und genau darum kann man mit gutem Recht die Küche als Apotheke bezeichnen. Es gibt so viele Naturprodukte, die so unendlich viele Wirkstoffe enthalten und unsere Gesundheit schützen:

○ Der rote Farbstoff Lycopin in der Tomate senkt das Krebsrisiko, weil er die Umwandlung von Nitraten und Nitriten in krebserregende Nitrosamine verhindert. Damit werden Großmutters Tomatensauce, der Tomatensaft und die geschmorten Tomaten zu einem besonders wertvollen Essen.

○ Allein wenn wir Salat essen, lösen wir in unserem Organismus einen Mechanismus aus, der so spannend wie ein Krimi ist: Der grüne Farbstoff Chlorophyll repariert kaputte und lädierte Zellen. Außerdem behält er den eingeatmeten Sauerstoff länger in den Gehirnzellen, regt unsere geistige Aktivität an und macht uns stressfest.

○ Der Genuss von Artischocken hilft uns, erhöhte und zu hohe Cholesterinwerte zu senken. Außerdem werden Leberzellen wieder regeneriert.

○ Und wenn wir Heidelbeeren essen, so stärkt der blaue Farbstoff Anthocyan unsere Sehkraft. Sie sehen: Ich übertreibe nicht, wenn ich die Küche als große Hausapotheke der Köstlichkeiten bezeichne. Und ich lade Sie ein: Kommen Sie mit mir an Ihren Herd und an Ihre Anrichte und tun Sie dabei etwas fürs Gesundbleiben. Dieses Buch soll Ihnen dabei eine kleine, einfache Hilfe sein. Ich stelle Ihnen die 50 gesündesten Lebensmittel vor. Ich möchte Sie mit den zehn wichtigsten Lebensmittel-Gruppen vertraut machen, die uns schlank erhalten und die uns beim Abnehmen helfen. Ich möchte Ihnen zeigen, wie man mit ganz speziellen Rezepten und Essensgewohnheiten länger jung bleiben kann. Ich will in diesem Buch auch daran erinnern, dass wir viel öfter heimisches Gemüse und Obst aus der Region nutzen sollten. Ich will

Sie aber auch verführen, die vielen exotischen Früchte aus aller Welt zu schmackhaften und gesundheitsfördernden Gerichten zu verarbeiten.

Ich höre immer wieder von Freunden, Bekannten, Verwandten, Radiohörern, Fernsehzuschauern und Lesern: „Igiiittt, Ihre gesunden Sachen, lieber Bankhofer, die schmecken ja sicher nicht besonders gut. Alles, was gut schmeckt, ist ja leider nicht gesund …!"

Diese Behauptung entbehrt jeder Grundlage. Sie ist einfach grundfalsch. Ich will das Gegenteil in diesem Buch beweisen. Gesundes kann köstlich munden. Und das muss auch so sein. Zum Gesundbleiben gehört nämlich auch der sinnliche Genuss des Essens. Also dann: Kaufen Sie die richtigen Produkte ein, ziehen Sie sich in Ihre große Hausapotheke mit Namen Küche zurück, genießen Sie Farben, Düfte und Strukturen der Lebensmittel und machen Sie etwas Wunderbares daraus, das sowohl Ihrem Gaumen, der Seele und dem Körper etwas bringt.

Jungbrunnen Essen – so bleiben Sie fit und vital

Es ist ein ewiger Traum des Menschen, möglichst lange zu leben und dabei gesund und vital zu bleiben. Nur dann macht es richtig Spaß, älter zu werden. Kann man tatsächlich etwas tun, um fit zu bleiben? Vor allem: Kann man in der Küche etwas dafür tun?

In jüngster Zeit befassen sich Ernährungswissenschaftler und Mediziner intensiv mit dem Thema. Es gibt dafür ein neues Modewort: Anti-Aging. Namhafte Forscher, allen voran Prof. Dr. Dr. Johannes Huber von der Universitäts-Frauenklinik in Wien, haben interessante Richtlinien aufgestellt. Es gibt eine Reihe von Möglichkeiten, etwas fürs Jungbleiben zu tun. So kann man durchaus Anti-Aging mit Messer und Gabel betreiben – unter dem Motto: „So essen Sie sich jung, fit und gesund!".

Lebensmittel zum Vitalbleiben

○ Dazu muss man wissen: Dauernder Stress macht krank und alt. Machen Sie sich stressfest. Sie brauchen dazu die Mineralstoffe Magnesium und Kalium. Bauen Sie **Vollkornprodukte, Hülsenfrüchte, Nüsse und Mineralwässer** mit diesen Mineralien in den Speiseplan ein.
○ Eine wichtige Aufgabe fürs Vitalbleiben erfüllen die Omega-3-Fettsäuren. Sie erweitern die Gefäße, senken zu hohe Blutdruck- und Cholesterinwerte. Sie bremsen eine frühzeitige Arteriosklerose, wirken im ganzen Körper entzündungshemmend, stärken das Gehirn und verbessern die Stimmung. Die besten und meisten Omega-3-Fettsäuren liefern mit ihrem Fischfett **Makrele, Hering, Lachs, Thunfisch und Sardine**.

○ Freie Radikale, hochaggressive Moleküle aus Umweltschadstoffen und aus körpereigenem Stoffwechsel-Geschehen, greifen unsere Zellen an, lassen sie früher altern und machen sie krank. Das Team der drei Vitamine A, C und E sowie die Spurenelemente Zink und Selen schützen uns vor diesen freien Radikalen. Man nennt sie daher auch Radikalfänger oder Antioxidanzien. Vitamin A liefern uns **Möhren, Melonen, weiße Bohnen, Vollmilch, Grünkohl, Emmentaler Käse, Weizenvollkornmehl**. Vitamin C tanken wir aus **Erdbeeren, Paprikaschoten, Petersilie, Kiwis, Sauerkraut und Zitrusfrüchten**. Vitamin E holen wir uns aus **Vollkornprodukten, Nüssen und Weizenkeimöl**. Und so können Sie alle drei Vitamine in einem Anti-Aging-Cocktail vereinen: $1/4$ Liter frisch gepresster Orangensaft (Vitamin C), $1/8$ Liter Möhrensaft

Anti-Aging-Cocktail

(Vitamin A) und 2 Teelöffel Weizenkeimöl (Vitamin E). Sie können noch 1 Teelöffel Honig und 1/8 Liter Rote-Bete-Saft dazugeben.

Ein weiteres Rezept: 1/4 Liter Orangensaft, 5 Esslöffel Feigensirup (Reformhaus) und 2 bis 3 Esslöffel flüssiges Naturlecithin aus der Sojabohne (Apotheke).

◯ Essen Sie viel frisches **Obst**. Besonders wichtig fürs Fitbleiben: **Äpfel und Trauben**. Sie liefern reichlich Schutzstoffe gegen freie Radikale. Der wichtigste Schutzstoff ist das Polyphenol Resveratrol aus der Traube. Es stärkt Herz und Kreislauf, wirkt der Adernverkalkung entgegen. Die besten Früchte werden übrigens in der Region geerntet, saftig und reif. Und nicht tagelang auf dem LKW kreuz und quer durch Europa gekarrt. Sie schmecken fruchtig und sind randvoll mit lebenswichtigen Vitalstoffen. Ihre Vitamine, Mineralstoffe, Enzyme, Spurenelemente und Bioaktivstoffe sind voll

entwickelt und geben diesen Früchten ein vollkommenes Aroma. Sie schmecken aber nicht nur gut, sondern sind Naturarzneien aus dem Obstgarten. Ich will damit nicht die vielen wunderbaren exotischen Früchte ablehnen. Sie haben in der gesunden Küche auch einen wichtigen Platz. Doch wir sollten überlegen, ob wir nicht in der schönen Jahreszeit die heimischen Früchte viel mehr nutzen sollten und dann, wenn es sie nicht gibt, Früchte aus anderen Kontinenten in die Küche holen.

◯ Grundsätzlich gilt als Jungbrunnen-Kur über den Teller der Konsum von **Obst und Gemüse in allen Farben und fünfmal am Tag**. Eine Portion ist so viel, wie in eine Hand geht. Wenn man diese Strategie verfolgt, nimmt man jeden Tag etwa 10.000 Bioaktivstoffe auf, die massiv den Alterungsprozess bremsen.

◯ Sehr wichtig für alle, die lange aktiv bleiben wollen: Essen Sie regelmäßig **Tomaten und**

Brokkoli. Das Sulphoraphan im Brokkoli und das Lycopin in den Tomaten senken das Krebsrisiko, weil sie Substanzen, die krebserregend wirken, neutralisieren und ausschalten.

○ In diesem Sinn gehört auch das regelmäßige Trinken von **grünem oder schwarzem Tee** zur Jungbrunnen-Strategie. Beide Teesorten beugen Krebs vor und stärken das Immunsystem.

○ Auch Sojaprodukte schützen vor dem Alt- und Krankwerden, weil sie uns mit Vitamin E und mit pflanzlichen Hormonen versorgen. Ein Beispiel: Das Genistein aus der **Sojabohne** schützt die Frau vor Brustkrebs, den Mann vor Prostatakrebs.

○ Wenn auch manche den Geruch nicht mögen: **Knoblauch** ist ein Super-Gesundheits-Gewürz. Am Institut für Herz-Kreislauf-Forschung in Mainz hat Prof. Dr. Gustav Belz nachgewiesen: Wer lange Zeit regelmäßig Knoblauch nimmt, der hat um zehn Jahre jüngere Blutgefäße. Außerdem kann Knoblauch zu hohe Blutdruck- und Blutfettwerte senken.

○ Ebenso gefährlich wie zu hohe Cholesterinwerte sind zu hohe Homocysteinwerte. Sie entstehen, wenn jemand zu wenig Obst und Gemüse und zu viel Fleisch isst. Eine hervorragende Waffe gegen zu viel Homocystein sind Folsäure sowie die Vitamine B_6 und B_{12}. Damit kann man einen Schlaganfall oder Herzinfarkt verhindern, sofern diese durch zu viel Homocystein ausgelöst werden. All diese Vitamine tankt man aus **grünem Blatt-** und aus **Wurzelgemüse**.

○ Ein wesentliches Element zum Jungbleiben ist **Wasser**. Wer nicht genügend Wasser trinkt, altert schneller. Der Mangel an Wasser im Körper führt zu verstärkter Faltenbildung, zu einer Blockierung bei der Gedächtnisleistung, zu depressiven Verstimmungen, aber auch zu Nierenproblemen. Nicht zu unterschätzen: Wassertrinken hält das Bindegewebe straff und ist daher eine einfache natürliche Waffe gegen Cellulite. Viel trinken ist wichtig, weil Giftstoffe, die in unserem Organismus entstehen und die uns alt und krank machen, durch die Flüssigkeit abtransportiert werden.

○ Eine spezielle Altersbremse für Frauen stellt der reife **Granatapfel** dar. Er hat viele pflanzli-

che Hormone und kann speziell in den Wechseljahren Hilfe bringen. 1 Stück täglich genügt.

○ Sehr sinnvoll ist es auch, wenig tierische Fette, dafür aber hochwertige Pflanzenöle zur Speisenzubereitung einzusetzen. Dabei stehen in der Liste ganz oben das **Olivenöl und das heimische Rapsöl**.

○ Wer jung bleiben will, braucht starke Knochen. Daher ist die Aufnahme vom Mineralstoff Calcium mit Vitamin D_3 sehr wichtig. Das Calcium liefert in idealer Form die **Milch**, und zwar etwa 3/4 Liter am Tag, zusätzlich **Joghurt und Käse**. Vitamin D bildet unser Körper in der Haut selbst, wenn Sonne darauf scheint. An sonnenlosen Tagen tankt man das Vitamin D aus Seefisch oder Pilzen.

Essgewohnheiten, die einen jung erhalten

Es ist aber nicht nur wichtig, was man isst, um lange vital zu bleiben, sondern es ist auch wichtig, wie viel und wann man isst. Man kann viele Jahre seines Lebens dazugewinnen, wenn man sich mit der Idee des „Dinner Cancelings" anfreundet. Das bedeutet: Jeden Tag – oder zumindest zweimal die Woche – um 16:00 Uhr die letzte Mahlzeit einzunehmen und auf ein Abendessen zu verzichten. Man darf nur unge-

süßte Kräutertees trinken. Das Fehlen des Abendessens bringt viele Vorteile: Es wird die Produktion speziell jener Hormone aktiviert, die unseren biologischen Alterungsprozess aufhalten. Das sind die Hormone Somatropin und Melatonin. Sie stärken unser Immunsystem und senken die Körpertemperatur. Der Körper arbeitet auf Sparflamme. Das ist wichtig für einen verjüngenden Schlaf sowie für die nächtliche Regeneration aller Organe.

Eine Super-Jungbrunnen-Kur für die Haut: Trinken Sie eine Woche lang jeden Tag über den Tag verteilt 1 Liter Ziegenmilch (Supermarkt). Man kann im Spiegel selbst kontrollieren und sehen, wie die Haut straffer und frischer wird. Ich weiß, wovon ich rede: Zu meinem Leben gehören drei zahme Ziegen mit Namen Fanny, Rosi und Resi, die meine Frau und mich mit „Jungbrunnen-Milch" versorgen.

Verbessern Sie Ihre Befindlichkeit

Was kann man tun, wenn die Befindlichkeit gestört ist? Oftmals steckt einfach ein falscher oder ungesunder Lebensstil dahinter: zu wenig Bewegung, zu viel Stress, Sorgen, schlechter Schlaf oder eine falsche Ernährung.

Schlecht gelaunt, energielos oder müde?

Unser Gehirn ist für die gute Laune zuständig. Durch Botenstoffe, auch Neurotransmitter genannt, werden gute oder schlechte Laune, Glück oder Ängste gesteuert. Diese Botenstoffe können wir durch unsere Ernährung anregen und beeinflussen. Hier die bekanntesten Botenstoffe, die bei uns für gute Laune sorgen:

○ Serotonin und Norepinephrin beruhigen und fördern das Wohlbefinden. Die Banane liefert uns reichlich von beiden.
○ Katecholamine fördern die Wachsamkeit, machen uns stressfest und halten Ängste von uns fern. Sie wirken stimmungsaufhellend. Enthalten sind sie in Milchprodukten und anderen leicht verdaulichen Eiweißmahlzeiten.
○ Acetyl-Cholin hilft uns, klare Gedanken zu fassen, objektiv und positiv zu denken. Die beste Quelle ist das Lecithin aus der Sojabohne.
○ Endorphine wirken schmerzstillend und machen uns euphorisch, sie wirken depressiven Stimmungen entgegen. Viele Vollkornarten, besonders Hirse und Dinkel, enthalten Endorphine.

Unter den Nahrungsmitteln, die uns zur guten Laune und damit auch zu mehr Energie verhel-

fen, weil sie die Produktion der dazu notwendigen Botenstoffe anregen, unterscheidet man vier Gruppen:

○ **Anregend**: Joghurt, Nüsse, Gewürznelken, Vanille, Zimt, Orange, Grapefruit und Bohnen
○ **Beruhigend**: Anis, Fisch, Hirse, Kartoffeln, Kopfsalat, Bananen, Ananas, Feigen, Mandarinen
○ **Ausgleichend**: Äpfel, Granatapfel, Datteln, Paprika, Möhren, Knoblauch, Tomaten
○ **Glücklich machend**: Kakao in Schokolade und Trinkschokolade

Im Folgenden habe ich noch einige kleine Tipps für den Energieschub, der zum Beispiel auch Morgenmuffeln auf die Beine hilft.

○ Ein uraltes indisches Rezept zum Energietanken: Kochen Sie ¼ Liter Wasser und trinken Sie es so heiß wie möglich, langsam in kleinen Schlucken.

○ Folgende Gerüche geben Ihnen ebenso Energie für den Tag: 20 Tropfen Rosmarinöl, Rosenöl oder Bergamottöl aus der Apotheke oder dem Reformhaus in ein Taschentuch geben und immer wieder daran schnuppern.

○ Hier noch etwas, das den Kreislauf in Schwung bringt: ¼ Liter stilles Mineralwasser, 2 Esslöffel Apfelessig und 2 Teelöffel Honig mischen und in kleinen Schlucken gleich nach dem Aufstehen trinken.

○ Essen Sie zum Frühstück Obst. Ideal sind Äpfel oder Birnen. Bananen sollten Sie meiden, diese beruhigen und machen müde.

○ Oder essen Sie eine Paprikaschote. Die Inhaltsstoffe der Paprika regen im Gehirn die Ausschüttung von Hormonen an, die das positive Denken, die Konzentration und das Glücksgefühl fördern.

○ Ein Tipp für geschwollene Augen: Übergießen Sie 2 Beutel Schwarztee mit heißem Wasser und lassen Sie sie 2 Minuten ziehen. Legen Sie die lauwarmen Beutel für einige Minuten auf die geschlossenen Augen.

○ Treiben Sie etwas Frühsport. Dabei sollten Sie sich einen Sport aussuchen, der Ihnen wirklich Spaß macht.

Der kleine Unterschied

Normalerweise sitzen Mann und Frau zu Hause gemeinsam am Tisch und essen das Gleiche. Sinnvoller wäre es jedoch, wenn jeder eine auf sein Geschlecht abgestimmte Mahlzeit zu sich nehmen würde. Männer und Frauen haben nämlich unterschiedliche gesundheitliche Voraussetzungen und Bedürfnisse.

Ernährung der Frau

◯ Da Frauen dazu veranlagt sind, mehr Fett in ihren Körperzellen aufzunehmen, sollten Sie sparsam mit tierischen Fetten wie Fleisch, Wurst und Käse umgehen. Stattdessen sollte der Gemüseberg auf dem Teller größer ausfallen. Salat und Obst stehen ebenfalls ganz oben auf der Liste der günstigen Lebensmittel.

◯ Wenn bei Frauen die Lust auf Süßes aufkommt, sollten sie diese nur in Maßen genießen und darauf achten, dass sie keine fettreichen Süßigkeiten auswählen. Am besten eignen sich Trockenfrüchte wie Apfelringe, Aprikosen, Datteln oder Feigen.

◯ Frauen besitzen nicht so große Nährstoffreservoirs wie Männer. Daher müssen Frauen öfter essen. Dies gilt besonders in Stresssituationen. Dann sollten sie besonders auf eine ausreichende Zufuhr von Magnesium, Vitamin C, Selen und Zink achten.

◯ Die Wahrscheinlichkeit an Osteoporose zu erkranken, liegt bei Frauen wesentlich höher als bei Männern. Deshalb sollten sie genug Calcium und Vitamin D aufnehmen. Durch den regelmäßigen Verzehr von Milch und Milchprodukten führt man dem Körper Calcium zu. Vitamin D wird durch die Sonnenbestrahlung in der Haut gebildet. Champignons und Seefisch enthalten relativ viel Vitamin D.

◯ Durch die Menstruation sind Frauen einer ganz besonderen Situation ausgesetzt. Vor und während dieser Zeit verbrauchen Frauen durch die hormonellen Veränderungen besonders viele lebenswichtige Vitalstoffe. Um dem entgegenzuwirken, sollten Frauen und Mädchen regelmäßig Sonnenblumenkerne, Walnüsse, Haselnüsse, Weizenkeimflocken, Naturreis, Kartoffeln, Brokkoli und Möhren in ihren Speiseplan einbauen.

Ernährung des Mannes

◯ Männer haben oftmals die Angewohnheit, noch spät abends deftige Speisen zu sich zu nehmen. Dadurch werden die Verdauung sowie Herz und Kreislauf belastet. Ein Tipp: Verzichten Sie zweimal pro Woche auf das Abendbrot und nehmen Sie um 16:00 Uhr die letzte Mahlzeit ein.

◯ Männer trinken oft zu viel Kaffee und zu wenig Wasser. Daher leiden überwiegend Männer an Nierensteinen. Trinken Sie 2 bis 3 Liter Wasser pro Tag, dann leben Sie länger!

◯ Männer – und natürlich auch Frauen – sollten auf ihren Alkoholkonsum achten. Entgiften und stärken Sie regelmäßig Ihre Leber mit Artischockenblätter-Extrakt, Brottrunk, Stutenmilch und Mariendisteltee.

◯ Viele Männer lieben Wurst und Speck. Da bei der Herstellung dieser Lebensmittel Nitratsalze verwendet werden, können im Laufe der Verdauung krebserregende Nitrosamine entstehen. Dies kann vor allem durch den roten Farbstoff Lycopin in der Tomate verhindert werden.

Gemüse und Obst für Frauen und Männer

	Frauen	Männer
Gemüse	Spinat, Brokkoli, Schwarzwurzeln, Fenchel, Kartoffeln, Blattsalat, Gurken, Tomaten, Lauch	Erbsen, Bohnen, Linsen, Paprikaschoten, Sauerkraut, Möhren, Tomaten, Weißkohl, Rotkohl, Blumenkohl, Wirsing
Obst	Trauben, Orangen	Papayas, Mangos, Aprikosen

Das Immunsystem stärken

Damit es gar nicht erst zu einem Infekt kommt brauchen wir ein starkes Immunsystem. Hierbei spielt die Ernährung eine ganz ausschlaggebende Rolle:

○ Eine gesunde Darmflora ist entscheidend für ein starkes Immunsystem. Sie können diese unterstützen, indem Sie probiotische Joghurts trinken. Oder essen Sie täglich eine Gabel voll rohem Sauerkraut, das enthält gesundheitsfördernde Milchsäurebakterien. Wichtig für eine gesunde Darmflora ist auch eine ballaststoffreiche Kost. Greifen Sie deshalb auf Vollkornprodukte, Gemüse und Obst zurück.

○ Eine gute Vitaminversorgung gehört ebenso dazu. Wichtig sind alle Vitamine, besonders aber A, Betacarotin, C und E. Ein Salat aus Tomaten, Möhren, Paprikaschoten, Petersilie und Weizenkeimöl versorgt Sie mit all diesen Vitaminen.

○ Damit der Organismus Schadstoffe und Stoffwechselmüll gut ausscheiden kann, benötigt er genügend Flüssigkeit. Trinken Sie 2 bis 3 Liter Wasser oder Kräutertees pro Tag.

○ Essen Sie 4 Zehen Knoblauch am Tag. Damit wird die Vitaminaufnahme in den Organismus verbessert.

○ In stressigen Zeiten sollten Sie Lebensmittel konsumieren, die reich an Magnesium und B-Vitaminen sind. Dazu zählen Nüsse, Vollkornprodukte und Naturreis.

Neben der Ernährung stärken auch die folgenden Dinge unser Immunsystem:

○ Betreiben Sie Sport, am besten im Freien. Ideal sind Wandern, Joggen und Radfahren.

○ Achten Sie auf einen ausreichenden und ungestörten Schlaf. Die Regenerationsphase ist wichtig für den Organismus. Sieben bis acht Stunden wären ideal.

○ Lachen Sie aus vollem Herzen, und das mindestens einmal am Tag. Sie werden sehen, das steckt auch andere an.

○ Lassen Sie mal ruhig den Fernseher und die Stereoanlage aus und genießen Sie in aller Ruhe ein Buch, eine Zeitschrift oder ein Rätselheft.

Wenn der Körper sauer ist

Oftmals rätselt man lange nach der Ursache, warum man sich gesundheitlich nicht wohl fühlt. Viele Krankheiten haben sie als Ursache – die Übersäuerung des Organismus. Dazu muss man wissen: In einem gesunden Organismus befindet sich das Stoffwechselgeschehen der Zellen und Organe in einem natürlichen Gleichgewicht zwischen Säuren und Basen. Das ideale Verhältnis: 80 Prozent Basen zu 20 Prozent Säuren. Falsche, einseitige Ernährung mit säurebildenden oder sauren Lebensmitteln und Getränken, ständig übermäßiger Stress sowie Schadstoffe aus der Umwelt stören auf Dauer dieses Verhältnis. Solange die Basen im Körper überwiegen, können die Säuren von ihnen neutralisiert werden. Wenn nun die Säuren in zu großen Mengen vorhanden sind, dann setzen sie sich im Bindegewebe ab. Sie blockieren den Abtransport von Schlacken und Giftstoffen. Die Körperzellen ersticken förmlich im Stoffwechselmüll und können ihre Aufgaben nicht mehr erfüllen. Vor allem reagieren Enzyme und Hormone sehr empfindlich auf eine Übersäuerung. Einer Übersäuerung des Körpers kann die Ursache für folgende Beschwerden sein: verstärkte Infektanfälligkeit, entzündetes Zahnfleisch, trockene, rissige Haut, Haarausfall, depressive Zustände, Migräne, erhöhte Leberwerte, Blähungen und Völlegefühl, Gelenkbeschwerden, Osteoporose, nächtliche Muskelkrämpfe, glanzloses Haar, Haarausfall, Müdigkeit, schlechter Atem.

Um einer Übersäuerung entgegenzuwirken, bedarf es einer Umstellung der bisherigen Ernährungsgewohnheiten. Wer viel säurebildende Lebensmittel zu sich nimmt wie Fleisch, Innereien, Produkte aus Weißmehl, Zucker, Süßigkeiten, Fertiggerichte, Erdnüsse, Essig und Senf, ist gefährdet. Er sollte folgende Lebensmittel in seinen Speiseplan aufnehmen: Vollkornprodukte, Obst und Gemüse, Kartoffeln, kohlensäurearme Mineralwässer, Milch, Gewürz- und Wildkräuter. Der Fleischkonsum sollte reduziert und auf Kaffee und Alkohol verzichtet werden.

Kurzfristig ist es sinnvoll, auch Basenpulver aus natürlichen Mikronährstoffen einzunehmen. Über einen Zeitraum von einigen Wochen wird jeden Tag nach einer Hauptmahlzeit ein gehäufter Esslöffel Basovital forte® aus der Apotheke in etwas Wasser verrührt und getrunken. Wissenschaftler der österreichischen Ökopharm-Forschung haben nachgewiesen: Mit den Mikronährstoffen, die das Säure-Basen-Gleichgewicht halten, kann man einen gestörten Gesundheitszustand sehr oft wieder beheben. Vor allem aber kann man damit einen wertvollen Beitrag fürs Gesundbleiben leisten. Wer wissen will, ob er übersäuert ist, kann das mit einem pH-Teststreifen aus der Apotheke in Form eines Speicheltests messen.

Ein erholsamer Schlaf gibt neue Kraft

Nicht wenige von uns leiden unter Schlafproblemen. Entweder fällt das Einschlafen schwer oder man wacht nachts auf und kann nicht wieder einschlafen. Am nächsten Morgen wacht man wie gerädert auf, von Erholung keine Spur. Viele Betroffene leiden tagsüber an Kopfschmerzen, Magen- und Darmproblemen sowie an Konzentrationsstörungen und Leistungsabfall.

Viele greifen – meist ohne den Arzt zu befragen – zu Schlaftabletten und handeln sich damit starke Nebenwirkungen ein. Bevor man nämlich mit Kanonen auf Spatzen schießt, sollte man besser natürliche Ein- und Durchschlafrezepte anwenden.

○ Trinken Sie abends 1 Tasse Baldrianwurzeltee.

○ Lassen Sie 1 Tasse Milch in einem Topf ziehen, nicht kochen. Schälen Sie 1 große Zwiebel, schneiden Sie sie in zwei Hälften und legen Sie diese mit den Schnittflächen nach unten in die Milch. Zugedeckt 15 Minuten ziehen lassen. Dann die Zwiebelhälften herausnehmen, die Milch mit Honig süßen und vor dem Zubettgehen schluckweise einnehmen.

○ Trinken Sie abends 1 Glas lauwarme Milch mit Honig.

15

○ Massieren Sie vor dem Zubettgehen intensiv beide Fußsohlen.

○ Betten Sie den Kopf nicht auf ein Kissen, sondern auf eine Nackenrolle.

○ Träufeln Sie 20 Tropfen Lavendelöl auf Ihr Kissen.

○ Bereiten Sie sich einen Schlaftee zu: 1 Teelöffel Hibiskusblüten (Apotheke, Drogerie) mit 1 Tasse kochendem Wasser überbrühen, 10 Minuten ziehen lassen, durchseihen, mit 2 Teelöffeln Honig und 2 Teelöffeln Melissengeist verrühren. Langsam trinken.

○ Gehen Sie nicht unmittelbar nach dem Fernsehen zu Bett. Ihre Nerven sind dann noch zu sehr gereizt. Ein kleiner Spaziergang beruhigt oft.

○ Neueste Erkenntnisse zeigen, dass Magnesium für einen ruhigen, ausgeglichenen und gesunden Schlaf sorgt. Magnesium entspannt, baut Stress ab, beruhigt und gibt dem Herz-Kreislauf-System Kraft. Besonders an hektischen Tagen ist es zu empfehlen, vor dem Zu-Bett-Gehen eine Brausetablette Magnesium (240 mg Magnesium) zu sich zu nehmen. Durch das Magnesium wird weniger Stresshormon ACTH ausgeschüttet.

Der nächtliche Gang zum Kühlschrank

Kennen Sie das? Man hält sich den ganzen Tag zurück, isst wenig und hält Verlockungen stand. Und dann war dennoch alles vergebens, denn dann kommt die Nacht – und mit ihr der verhängnisvolle Nachthunger. Man schleicht sich aus dem Bett, geht an den Kühlschrank und futtert hemmungslos in sich hinein.

Schuld daran ist das Stresshormon Cortisol, das besonders in stressigen Zeiten im Blut ansteigt

und Heißhungerattacken auf Kohlenhydrate auslöst. Die Sehnsucht nach Süßem wächst, da unser Organismus daraus das beruhigende Serotonin herstellt.

Doch Vorsicht – alles, was wir zu später Stunde zu uns nehmen, wird vom Körper nicht verarbeitet, sondern nur für den nächsten Tag gespeichert, wenn die Verdauung wieder auf vollen Touren läuft.

Was kann man dagegen tun? Lassen Sie tagsüber keine Mahlzeit aus. Ernähren Sie sich mit fünf kleinen Portionen. Wer auch nur eine Mahlzeit auslässt, senkt damit den Blutzuckerspiegel. Damit aber ist der nächtliche Heißhunger auf Süßes vorprogrammiert. Achten Sie auf fettarme Nahrung. Fettreiche Lebensmittel machen nachts süchtig nach noch mehr Fett.

Fett regt nämlich unter anderem im Organismus die Produktion der Substanz Galanin an. Und dieses fördert den Wunsch nach noch mehr Fett.

Wichtig ist ein gesundes Frühstück am Morgen. Sie sollten nicht mit leerem Magen den Tag beginnen. Am besten sind Müsli oder Vollkornbrot, Milchprodukte, frisches Obst und rohes Gemüse. Ihr Abendessen sollten Sie nicht zu spät einnehmen und auf leichte und gesunde Kost achten. Ein frischer Salat, ein gedünsteter Fisch oder schonend zubereitetes Gemüse sind ideal. Ein Gläschen Wein ist erlaubt, allerdings sollte es nicht mehr sein. Zu viel Alkohol senkt den Blutzuckerspiegel und produziert nachts Heißhunger. Auch Süßigkeiten am späten Abend fördern den nächtlichen Gang zum Kühlschrank. Erlaubt und sogar förderlich ist ein Apfel vor dem Zu-Bett-Gehen. Er wirkt dem nächtlichen Heißhunger entgegen. Wichtig ist, dass Sie den Apfel gut kauen.

Schlafen Sie ausreichend. Wer übermüdet und unausgeschlafen ist, versucht instinktiv, das Schlafdefizit durch übermäßiges Essen auszugleichen. Und zu guter Letzt sollte Ihr Kühlschrank erst gar nicht über verlockende und kalorienreiche Vorräte verfügen.

Fitness fürs Gehirn

Was braucht unser Gehirn, um fit zu sein, um sich konzentrieren zu können und um leistungsstark zu sein?

○ **Sauerstoff**. Das Gehirn, macht zwar nur zwei Prozent unseres Körpergewichts aus, beansprucht jedoch 40 Prozent unseres eingeatmeten Sauerstoffs. Bei sportlicher Betätigung, die übrigens auch sehr wichtig fürs Gehirn ist, braucht es noch mehr.

○ **Flüssigkeit**. Trinken Sie über den Tag verteilt 2 Liter Mineralwasser. Unser Gehirn besteht zu 70 Prozent aus Wasser, kann also nur im feuchten Milieu aktiv sein. Wer beim Lernen zu wenig trinkt, wird denkfaul, kann sich nichts merken. Ein ideales Getränk ist die Apfelschorle: Apfelsaft und Mineralwasser 1 zu 1 mischen. Damit bekommt das Gehirn genau jene Menge an Mineralstoffen, die es zum Arbeiten braucht.

○ **Schlaf**. Unser Gehirn benötigt etwa 8 Stunden Schlaf pro Tag.

○ **Nahrung**. Zusätzlich müssen Sie Ihrem Gehirn Kraft durch Nahrung geben. Essen Sie sich klug! Und dafür sollten Sie viel Grünes essen: Salat, Spinat, Kräuter. Der darin enthaltene grüne Farbstoff bewirkt, dass der eingeatmete Sauerstoff möglichst lange im Gehirn bleibt. Tomaten sind ebenfalls gut für die geistige Fitness. Sie enthalten eine Substanz, die das Gedächtnis verbessert. Darüber hinaus wird auch die Schüchternheit besiegt. Untersuchungen in den USA haben ergeben: Das ideale Essen zur Prüfungszeit ist Mozzarella mit Tomaten und Basilikum. Mozzarella liefert Cholin, das ist Sprit fürs Denken. Und

Tomate und Basilikum kurbeln unser Gedächtnis ganz besonders an. Ein speziell wirksamer Kraftstoff ist auch das Naturlecithin aus der Sojabohne mit seinem guten Cholingehalt.

Treiben Sie zusätzlich täglich Gehirnjogging. Hier einige Tipps:

○ Lassen Sie den Einkaufszettel zu Hause und vergleichen Sie danach, ob Sie etwas vergessen haben.

○ Lernen Sie eine Fremdsprache.

○ Lernen Sie Gedichte und Lieder auswendig.

○ Weichen Sie neuen geistigen Herausforderungen – etwa dem Umgang mit einem Computer – nicht aus.

○ Rechnen Sie mehr im Kopf. Greifen Sie nicht gleich zum Taschenrechner.

○ Lösen Sie Kreuzworträtsel, Sudoku und andere Rätselspiele.

○ Spielen Sie mal wieder, zum Beispiel „Stadt, Land, Fluß" oder „Memory".

Sport ja – aber richtig

Unser Körper funktioniert nur dann richtig gut und koordiniert, wenn er regelmäßig in Bewegung gehalten wird. Wichtig bei sportlichen Aktivitäten ist, dass Sie Spaß daran haben und diese als angenehm empfinden. Übertriebener Sport bedeutet nämlich für den Organismus erneut Stress und belastet ihn gesundheitlich. Deshalb empfehle ich Ihnen, auf folgende Dinge zu achten:

○ Suchen Sie sich eine zu Ihrem Typ passende Sportart aus, die Sie gerne in regelmäßigen Abständen ausüben.

○ Dies können auch ganz einfache Bewegungsabläufe sein wie etwa Spazierengehen, Wandern, Radfahren. Es ist übrigens nie zu spät, mit der Bewegung zu beginnen, auch im vorgerückten Alter kann man sich dies zum Ziel setzen.

○ Es ist allerdings sinnvoll, wenn man sich ab dem 50. Lebensjahr für eine regelmäßige Freizeitsportart entscheidet, dass man vorher darüber mit dem Arzt spricht.

○ Was immer Sie tun, beginnen Sie vorsichtig. Üben Sie den Sport regelmäßig aus, nur dann ist es auch sinnvoll.

○ Steigern Sie langsam Ihre Trainingseinheiten. Fangen Sie mit ganz leichten Übungen an.

○ Beginnen Sie Ihren Freizeitsport niemals mit vollem Magen, aber auch nicht hungrig. Beides ist für den Organismus nicht gesund.

○ Üben Sie Ihren Freizeitsport niemals unter Stress und in Hektik aus. Nehmen Sie sich entspannt Zeit dafür.

Schon bald werden Sie merken, wie die regelmäßigen Bewegungen Ihrem Körper gut tun, denn nicht nur die Praxis, auch zahlreiche Studienergebnisse haben gezeigt:

○ Wer körperlich aktiv ist, kann sich damit in gewisser Weise vor Herzinfarkt und vor einem plötzlichen Herztod schützen.

○ Bereits kleine Belastungen des Körpers wie regelmäßiges Treppensteigen oder Spazierengehen können die Häufigkeit von Herzerkrankungen senken.

○ Mit bereits geringfügiger körperlicher Belastung kann man bedeutsam den Fettstoffwechsel verbessern.

○ Regelmäßige körperliche Aktivität erhöht das so genannte „gute" HDL-Cholesterin und senkt das so genannte „böse" LDL-Cholesterin. Allerdings wird die Gesundheit erst verbessert, wenn Herz, Kreislauf und Muskeln mindestens fünf Minuten auf Trab gehalten werden.

○ Regelmäßige Bewegung erhöht die Stress-Verträglichkeit. Man lernt das „Abschalten".

○ Mit regelmäßiger Bewegung wird die körperliche und geistige Leistungsfähigkeit verbessert.

○ Die Fließeigenschaft des Blutes wird aktiviert, ebenso die Sauerstoffversorgung aller Körperzellen.

○ Das allgemeine Wohlbefinden verbessert sich, und es kommt zu einer positiveren Lebenseinstellung.

Kleine Fitnessübungen lassen sich auch in den normalen Alltag einbauen. Diese Übungen können Sie ohne großen Aufwand betreiben:

○ Wippen Sie ab und zu am Tag 30-mal im Stehen auf den Zehenspitzen auf und ab.

○ Gehen Sie im Laufe des Tages insgesamt eine Stunde flott spazieren, zum Beispiel mittags 30 Minuten und abends vor dem Essen 30 Minuten. Schaffen Sie mittags eine ganze Stunde und abends 30 Minuten, ist es noch besser.

○ Man kann nicht jedem ein paar Liegestütze im Laufe des Tages zumuten. Den Stehstütz aber kann jeder mitmachen. Stellen Sie sich mit durchgestreckten Knien vor eine offene Türe, stützen Sie die Handflächen links und rechts auf den Türrahmen. Jetzt machen Sie mit den Armen dieselben Bewegungen wie beim Liegestütz, nur eben im Stehen. Sie nähern sich mit dem Gesicht der Türöffnung und drücken sich dann wieder weg. So meistern Sie locker 20 Stehstütze und verbessern Ihre Kondition.

○ Legen Sie sich mit dem Rücken auf den Boden und fahren 20 Minuten mit den Beinen in der Luft Fahrrad.

○ Schreiten Sie mit weit ausschwingenden Armen eine Stunde lang auf ebener Strecke in der Natur flott dahin. Dies geht natürlich auch zu Hause.

○ Gehen Sie bei Ihrem Ausflug in die Stadt mit flottem Schritt.

○ Stellen Sie sich mehrmals am Tag locker hin, heben die gestreckten Arme weit über den Kopf, legen die Handflächen aufeinander und neigen nun beide gestreckten Arme gemeinsam zuerst nach rechts, dann nach links, dann wieder nach rechts, dann nach links. Hin und her und hin und her. Das tut dem Rücken gut. Wir bekommen ein neues, gutes Körpergefühl, entspannen uns und vergessen die Anstrengungen des Tages.

○ Stellen Sie sich mehrmals am Tag locker hin und ballen die Hände zu Fäusten. Nun beginnen Sie mit diesen Fäusten gegen die Luft zu boxen. dreimal 5 Minuten, jeweils eine kurze Pause dazwischen. Man nennt das Luftboxen.

○ Machen Sie abends vor dem Zubettgehen ein kleines Wirbelsäulentraining: gerade stehen, Arme hängen herab, Handflächen sind nach vorn gerichtet, Kinn zur Brust. Einatmen durch die Nase und auf die Zehenspitzen erheben. Kurz innehalten, dann wieder auf die Fersen herab und dabei durch den Mund ausatmen. Die Übung mehrmals wiederholen.

○ Suchen Sie tagsüber eine Treppe und bemühen Sie sich, zweimal die Stufen auf und ab zu laufen.

○ Setzen Sie sich nach dem Abendessen nicht hin, sondern gehen Sie die ganze Wohnung ab.

Gesundes Trinken

Ohne Wasser wäre unser Leben nicht möglich. Der Mensch besteht zu zwei Dritteln aus Wasser. Es ist somit sein Grundelement. Er braucht es, damit der Organismus in Schwung bleibt und seine Funktionen erfüllen kann, damit Stoffwechselabfallprodukte und Gifte aus dem Körper abtransportiert werden können.

Wasser – das Beste aus der Natur

Ein erwachsener Mensch gibt in der warmen Jahreszeit täglich mit Harn und Schweiß drei Liter Flüssigkeit ab. Bei extremen Temperaturen und viel Bewegung kann das sogar noch mehr sein. Wenn nicht sofort entsprechende Mengen an Flüssigkeit nachgeliefert werden, kommt es zu Kreislaufversagen, zu Störungen der Herz- und Bronchientätigkeit. Auch Blut und Haut leiden darunter. Denken Sie daher besonders an warmen Tagen daran, immer etwas zu trinken dabeizuhaben.

Fazit: Im Sommer sollte jeder täglich drei Liter Flüssigkeit zu sich nehmen. Die optimale Flüssigkeit dafür ist und bleibt das Wasser. Es hat zum einen keine Kalorien und belastet somit nicht das Körpergewicht. Zum anderen führt es uns noch wertvolle Mineralstoffe und Spurenelemente zu. Darüber hinaus wirkt es in vielen Fällen auch als Medizin.
Im Folgenden einige Beispiele, wann Sie nicht zur Hausapotheke, sondern zu einem Glas Wasser greifen können:

● **Übelkeit und leichter Schwindel:** Trinken Sie 1/4 Liter kaltes Wasser in ganz kleinen Schlucken. Dazwischen tief ein- und ausatmen.

● **Kraftlos an heißen Tagen:** Lassen Sie 1/4 Liter Wasser einmal aufkochen, und trinken Sie es dann in kleinen Schlucken so heiß, wie Sie es vertragen können. Das ist ein uraltes indisches Rezept für mehr Vitalität an heißen Tagen.

● **Verstopfung:** Gießen Sie abends 1/4 Liter Wasser in ein Glas und lassen Sie es zugedeckt im Raum stehen. Am nächsten Morgen trinken Sie das abgestandene Wasser mit Raumtemperatur in langsamen, kleinen Schlucken. Das bringt die Verdauung eine Stunde danach so richtig in Schwung.

● **Stressbelastung:** Wer beruflich oder privat in Stresssituationen gerät, der belastet damit Herz und Kreislauf. 1/4 Liter Mineralwasser, das hohe Mengen am Mineralstoff Magnesium enthält, kann hier Abhilfe schaffen. Das Magnesium stärkt die Nervenzellen gegen die Stresshormone Adrenalin und Noradrenalin.

Tees und Kräutertees

Schwarzer Tee hat in den letzten Jahren enorm an Bedeutung in der gesunden Ernährung gewonnen. Zahllose Studien haben ergeben, dass die schützenden Phenolsubstanzen unsere Gefäße elastisch erhalten. Außerdem ist Schwarztee ein kalorienfreies Getränk – wenn man ihn nicht süßt –, das uns mit den Vitaminen B_1 und B_2 für starke Nerven und gegen Stress, mit Fluor für die Zähne zum Schutz vor Karies, mit Mangan für gute Laune und Kalium für Herz und Muskeln versorgt. Die Gerbstoffe im Schwarztee beruhigen Magen und Darm.

Die Teeblätter des **Grünen Tees** enthalten große Mengen an Vitamin C gegen Erkältungen und Stress, Fluor zum Stärken der Zähne, das Spurenelement Mangan zur Vorbeugung von Osteoporose sowie Bitterstoffe und vor allem Polyphenole. Sie sind das Wichtigste im Grünen Tee. Es gibt zwei Arten von Polyphenolen: Gerbstoffe und EGCG-Substanzen. Die Gerbstoffe beruhigen Magen und Darm, schalten schädliche Bakterien aus und beugen damit entzündlichen Magen- und Darmstörungen vor. Sie machen auch die Haut widerstandfähiger. Die EGCG-Stoffe haben krebshemmende und blutverdünnende Eigenschaften. Man hat in vielen Studien beobachtet: Wer regelmäßig Grünen Tee trinkt, senkt das Risiko für Leber-, Lungen- und Darmkrebs. Übrigens: Grüner Tee sollte nicht mit kochendem Wasser aufgegossen werden. Stellen Sie das kochende Wasser ab und lassen es 4 bis 5 Minuten abkühlen. Dann hat es eine Temperatur von etwa 70 °C. Diese ist optimal zum Aufbrühen. Grünen Tee kann man zweimal aufgießen, also nochmal verwerten.

Nopal-Kaktus-Tee kommt aus Mexiko und wird aus den Blättern des Nopal-Kaktus hergestellt. Er kann aufgrund seines Pektingehalts zu hohe Cholesterinwerte senken. Durch das enthaltene Enzym Glykose-6-Phosphat-Isomerase kann er auch zu hohe Blutzuckerwerte senken. Sie bekommen diesen Tee in der Apotheke. Vier Tassen sind genau die richtige tägliche Menge, um positiv die Blutfettwerte und die Blutzuckerwerte zu beeinflussen.

Früchte- und Kräutertee enthalten kein Koffein und sind sehr bekömmlich. Im Folgenden einige Teesorten und deren gesundheitliche Wirkungen:

○ Baldriantee wirkt beruhigend und entspannend, er hilft bei Schlaflosigkeit und Nervosität.

○ Bohnenschalentee unterstützt die Bauchspeicheldrüse und wirkt dadurch blutzuckersenkend, ist daher für Diabetiker gut geeignet.

○ Brennnesseltee hat eine entwässernde Wirkung, schwemmt überflüssige Wassereinlagerungen aus dem Körper heraus, wirkt damit entgiftend und entschlackend.

○ Fencheltee wird bei Magen- und Darmbeschwerden eingesetzt; er wirkt auch entkrampfend und schleimlösend bei Entzündungen der oberen Luftwege.

○ Hagebuttentee enthält viel Vitamin C und stärkt somit das Immunsystem, außerdem lindert er Rheumaschmerzen.

○ Kamillentee wirkt entkrampfend, wundheilungsfördernd und äußerlich entzündungshemmend, sollte aber nicht bei Magenentzündungen angewendet werden.

○ Lindenblütentee hat heiß getrunken eine schweißtreibende Wirkung, er wirkt schleimlösend auf die oberen Luftwege und ist daher gut bei Grippe und Erkältung.

○ Matetee eignet sich vor allem bei Diäten, da er nicht nur den Hunger dämmt, sondern auch entwässernd wirkt.

○ Pfefferminztee belebt die Magentätigkeit und wirkt krampflösend bei Verdauungsstörungen, Blähungen und Übelkeit.

○ Rooibuschtee ist sehr magenfreundlich und gut bekömmlich, er wirkt krampflösend bei Magen-Darm-Beschwerden und beugt Arteriosklerose und rheumatischen Erkrankungen vor, zudem wirkt er positiv auf den Blutzuckerspiegel. Der Rooibuschtee ist somit gut für Diabetiker geeignet.

○ Salbeitee wirkt antibakteriell und lindernd bei Halsentzündungen.

○ Thymiantee wirkt schleimlösend und stillt den Hustenreiz, man sollte ihn bei Entzündungen der Atemwege trinken.

Inhaltsstoffe und Wirkungen von Säften

	Inhaltsstoffe	Wirkungen
Apfelsaft	Pektine, Pottasche, Kupfer, Phosphor	verbessert die Verdauung, senkt hohen Blutdruck und Cholesterinspiegel, verbessert die Hirnleistung
Grapefruitsaft	Vitamin C, Oxalsäure, Folsäure	kurbelt die Fettverbrennung an, reinigt den Darm, stärkt das Bindegewebe
Möhrensaft	Betacarotin, Vitamin E	schärft die Augen und schützt vor freien Radikalen
Orangensaft	Vitamin C	stärkt das Immunsystem, hilft beim Abnehmen, macht die Haut glatt
Sanddornsaft	Vitamin C	gut gegen Grippe, kurbelt die Fettverbrennung an
Tomatensaft	Lycopin	schützt vor Krebs und vor vorzeitiger Hautalterung
Traubensaft, roter	B-Vitamine, Resveratol, Quercetin, Katechin, Epikatechin	stärkt die Nerven, senkt den Cholesterinspiegel, bremst die Arteriosklerose, stärkt die Immunkraft und hält das Blut flüssig
Sauerkrautsaft	Isothiocyanate, Milchsäurebakterien, Vitamin C	schützt vor Dickdarmkrebs, fördert die Verdauung und stärkt die Immunabwehr

Obst- und Gemüsesäfte

Säfte enthalten jede Menge Vitamine und Mineralstoffe. Allerdings sollten sie am besten nur verdünnt und in Maßen getrunken werden. Denn gerade in Fruchtsäften sind ca. acht bis zehn Prozent natürlicher Fruchtzucker enthalten. Ein Liter Fruchtsaft hat damit ca. 400 bis 500 kcal. Zu viel Saft macht also auf Dauer dick und der Fruchtzucker kann gerade bei Kindern sogar Karies verursachen.

Kaffee

Kaffee ist und bleibt das Lieblingsgetränk der Deutschen. Was wäre ein Bürotag ohne eine Tasse Kaffee? Viele brauchen ihn zum Munterwerden, zu einem schönen Stück Kuchen oder einfach so zum Genießen. Auch die zahllosen Kaffeevarianten, allen voran die voll im Trend liegende Latte Macchiato, sind bei uns heiß begehrt.

Bohnenkaffee hat eine anregende Wirkung. Sie ist darauf zurückzuführen, dass das Koffein jene Rezeptoren in unserem Gehirn blockiert, die uns müde machen und den Schlaf fördern. Kaffee ist auch gut für die Zähne. Seine Inhaltsstoffe töten Bakterien im Mund ab, bremsen und verhindern die Bildung von Karies. Allerdings kann Kaffee kein Ersatz für die Zahnbürste sein. Ja, und wer zu niedrigen Blutdruck hat, der darf auch etwas öfter eine Tasse Kaffee genießen. Wobei die Medizin zur Menge „in Maßen" ganz genaue Empfehlungen gibt: Bis zu vier Tassen am Tag sind nicht schädlich.

Eine groß angelegte Studie in den USA an der Berkeley Universität hat bewiesen: Sogar Herzkranke dürfen ein bis zwei Tassen Kaffee am Tag trinken. Die Studie hat weiterhin belegt: Kaffee steigert die geistige Leistungsfähigkeit für einige Zeit. Er macht bei vielen Menschen Lust auf Liebe und kann depressive Stimmungen vertreiben. Er kann das Risiko für Darmkrebs und für Magengeschwüre senken und Kopfschmerzen lindern. Kaffee kann Muskelschmerzen mildern, das Risiko für Leberkrebs senken und er schützt vor Parkinson. Alles aber immer nur aus der Sicht: Niemals mehr als vier Tassen pro Tag.

◉ Wenn Sie starken Kaffee entschärfen möchten, sollten Sie keine Milch dazugeben, sondern Kaffeesahne. Der Kaffee kann nämlich nur ab einem gewissen Fettgehalt entschärft werden.

◉ Wenn Sie etwas zu viel Alkohol getrunken haben, dann glauben Sie ja nicht, dass eine Tasse mit starkem Kaffee Sie schneller wieder nüchtern macht. Im Gegenteil: Der Kaffee verstärkt die Aufnahme des Alkohols im Blut.

Alkoholische Getränke

Rotwein ist reich an dem sekundären Pflanzenfarbstoff Resveratol. Dieser stärkt Herz und Kreislauf, beugt einer frühzeitigen Arteriosklerose vor und senkt das gefährliche LDL-Cholesterin. Das Quercetin und Epikatechin im Rotwein senkt das Krebsrisiko. Und das Katechin sorgt dafür, dass das Blut flüssig bleibt. Allerdings gilt das alles nur, wenn man täglich nicht mehr als $1/4$ Liter trinkt. Mehr belastet Leber und Hirn.

Bier: Studien beweisen: Bier in Maßen – 0,3 bis 0,6 Liter am Tag – ist ein wertvoller Beitrag für die Gesundheit.

◉ An der Technischen Uni in München hat man nachgewiesen: Bier enthält, wie der Rotwein, das schützende Polyphenol Resveratol. Damit erhöht man das gute HDL-Cholesterin und senkt das schlechte LDL-Cholesterin. Das bedeutet bessere Cholesterinwerte, Stärkung von Herz und Kreislauf, Schutz vor frühzeitiger Adernverkalkung.

◉ An der Freien Universität in Berlin hat man entdeckt, Biertrinker haben seltener den Helicobacter pylori, jenen Keim, der Gastritis und Magengeschwüre verursachen kann.

◉ An der US-Universität von Oregon hat man beobachtet: Bier kann das Risiko für Krebs senken. Bioflavonoide im Hopfen schützen vor aggressiven krebsauslösenden Substanzen.

◉ Durch die beruhigenden Wirkstoffe Lupulon und Humulon im Hopfen kann man mit Bier die Nerven stärken und besser mit Stress umgehen.

◉ Schon lange ist in der Medizin bekannt: Mit Biertrinken kann man hervorragend die Harnwege durchspülen und Nierensteinen vorbeugen. Und wenn man einen hat, dann hilft Bier sehr oft, dass man ihn schnell wieder los wird.

◉ Die Dosis macht's. Mit einem halben Liter Bier am Tag sinkt ein zu hoher Blutdruck. Mit einem Liter steigt er.

Ja, und der Bierbauch ist Legende. Bier enthält von allen alkoholischen Getränken die wenigsten Kalorien. Der Bierbauch kommt vom Bewegungsmangel und von dem, was man zum Bier isst. Und da Bierkonsum den Hunger anregt, des Weiteren der Alkohol zu einer sinkenden Fähigkeit der Selbstkontrolle führt, kann dies eine ganze Menge sein.

Gichtpatienten müssen übrigens gänzlich auf Bier, auch auf alkoholfreies, verzichten, denn es enthält Purine.

Abnehmen ohne Diät mit den 10 Super-Lebensmittel-Gruppen

Ich werde immer wieder gefragt: Kann man ohne Schlankheitskur, ohne Diät, also mit der alltäglichen Ernährung abnehmen? Oder ist das nur eine unerreichbare Vision? Es ist keine Vision. Es ist in Wahrheit der einzig richtige, seriöse und gesunde Weg, Pfunde abzubauen. Und ganz ehrlich: Wer hat denn genau dann, wenn die Waage Alarmzeichen gibt, das Geld, die Zeit und die Lust, in einem Kurzentrum eine Schlankheitskur zu absolvieren? Wir müssen es anders schaffen. Wichtig dabei ist, dass wir uns viel intensiver als bisher mit unseren Lebensmitteln befassen, dass wir uns über ihre Wertigkeit und über ihre Wirkung auf unseren Organismus informieren. Wenn wir dann eine Ernährungsform finden, die uns hilft, schlank zu werden, dann ist das ein Langzeit-Konzept, das uns in Fleisch und Blut übergeht und das uns vor dem gefürchteten Jo-Jo-Effekt bewahrt. Außerdem: Wir müssen das Prinzip der Buchhaltung für unsere Gewichts-Reduktion nutzen. Wir dürfen nicht mehr Kalorien zuführen, als wir verbrauchen. Sonst macht essen uns fett. Wir müssen uns immer vor Augen halten: Wenn wir die eine oder andere Speise, die viele Kilokalorien liefert, genießen möchten, dann müssen wir im Gegenzug Sport treiben, bei dem wir genau diese Kalorienanzahl, vielleicht sogar etwas mehr, abbauen. Dabei können und sollen wir uns allerdings auch neueste Erkenntnisse zunutze machen.

Zehn ideale Lebensmittel zum Abnehmen

So haben zum Beispiel amerikanische Wissenschaftler vom United State Department of Human Nutrition in Boston, der weltweit bedeutendsten Ernährungs-Forschungsgesellschaft, die zehn idealen Lebensmittel herausgefunden, mit denen man ohne viel Anstrengung schlank und zugleich auch vital werden kann, wenn man sie konsequent in den Speiseplan einbaut. Denn es ist nicht nur wichtig, gute Figur zu zeigen. Wir wollen zugleich auch fit und leistungsstark durchs Leben gehen. Hier die Liste der schlank machenden Lebensmittel:

○ **Grüngemüse** wie zum Beispiel Spinat und Salate. Sie bremsen den Alterungsprozess, behindern Fettablagerungen, stärken die Sehkraft, die Atemwege und die Immunkraft.

○ **Vollkornprodukte**: Sie binden Fett und führen es über den Darm ab. Und sie stören den Körper beim Ablagern von Fettpolstern. Die wertvollsten Körner fürs Schlankbleiben und Schlankwerden: Haferflocken, die gleichzeitig auch viel Kraft geben.

○ **Kaltgepresste Öle** wie Olivenöl und Rapsöl: Sie stärken mit ihren einfach ungesättigten

Fettsäuren das Immunsystem und wirken gegen Fettleibigkeit und zu hohe Cholesterinwerte. Wir sollten sie viel öfter in unseren Speiseplan einbauen.

○ **Hülsenfrüchte** fördern gleichzeitig die Fettverbrennung und den Muskelaufbau.

○ **Eier** senken mit ihrem hohen Lecithinanteil im Eigelb zu hohes Cholesterin und blockieren Fettansammlungen an vielen Körperstellen. Gleichzeitig macht das Lecithin geistig fit.

○ **Nüsse** in kleinen Mengen verhindern gefährliche Heißhungerattacken und helfen, Fette in Muskeln zu verwandeln.

○ **Milchprodukte** fördern nicht nur den Knochenaufbau, sondern auch den Abbau von gesundheitsschädlichen Fetten. Das geschieht durch das Zusammenspiel von Calcium, Vitamin B_{12}, Riboflavin, Vitamin A, Phosphor und Kalium.

○ **Beeren:** Der rote und blaue Farbstoff von Johannisbeeren, Heidelbeeren, Himbeeren und Brombeeren macht schnell satt, bremst den Hunger und wirkt gegen Übergewicht.

○ **Fettarmes Fleisch** wie bei Pute und Huhn bremst Fettansammlung, baut Muskeln auf und macht schlank.

○ **Der Geheim-Tipp Nr. 1: Wasser.** Zu jeder vollen Stunde ein Glas mit etwas Zitronensaft füllt den Magen kalorienfrei und nimmt den Hunger, transportiert aber auch Fettmoleküle und Stoffwechselmüll ab.

Diese Liste der Lebensmittel-Gruppen, die uns das Schlankbleiben und Schlankwerden erleichtern, die aber auch das Entstehen vieler gesundheitlicher Störungen und Krankheiten verhindern, ist eine gute Grundlage für gesundes Kochen und Essen.

Tipps und Tricks fürs Abnehmen, die jeder durchführen kann

Sie kennen das sicher: Man stellt sich morgens im Badezimmer auf die Waage und wird mit einer harten Tatsache konfrontiert: Man hat wieder einmal zugenommen. Es geht oft bloß um zwei, drei oder vier Kilo. Aber es ist schwer genug, sie wieder loszuwerden. Doch es gibt ein paar Tricks. Ich habe sie im Laufe der Jahre ausprobiert, getestet. Wenn man sich konsequent daran hält, kann man Erfolg damit haben. Dies sind nun die besten, einfachsten Rezepte fürs Abnehmen:

○ Lassen Sie ab sofort den Zucker weg. Nichts süßen, keine Desserts naschen. Höchstens zweimal die Woche ganz wenig dunkle Schokolade mit 70 oder 80 Prozent Kakaoanteil. Diese wird im Handel als „Edelbitter" angeboten.

● Lassen Sie ab sofort das Fett auf dem Brot weg: keine Butter, auch keine Margarine aufs Brot streichen. Käse direkt aufs Brot legen. Oder Käse ohne Brot essen. Fettränder beim Fleisch wegschneiden.

● Noch besser: Wenn Sie Käse essen, dann kombinieren Sie ihn mit Salat, und lassen Sie Brot und Brötchen weg.

● Essen Sie vor jeder Mahlzeit zwei bis drei Äpfel. Damit liefern Sie dem Organismus Vitalstoffe, wenig Kalorien und füllen den Magen, sodass Sie danach nicht mehr so viel essen können.

● Essen Sie nur, wenn Sie wirklich Hunger haben, hören Sie sofort auf, wenn Sie satt sind.

● Halten Sie sich ans Sprichwort: Frühstücken wie ein König, mittagessen wie ein Bürger, abendessen wie ein Bettler.

● Essen Sie drei Stunden vor dem Zu-Bett-Gehen nichts mehr.

● Essen Sie tagsüber des Öfteren als Hauptmahlzeit mittags eine große Schüssel Salat und sonst nichts.

● Einige Zeit absolut keinen Alkohol trinken. Er liefert viele Kalorien. Nur Wasser trinken. Es hat keine Kalorien.

● Essen Sie oft Radieschen und Rettich als Beilage zu den Mahlzeiten. Der hohe Gehalt an Senfölen aktiviert die Gallentätigkeit und damit die Fettverdauung. Fünf Radieschen genügen. Die Senföle saugen auch einen Teil des Fettes aus der übrigen Nahrung auf und führen es über den Darm ab.

Die häufigsten Fragen zum Abnehmen

Macht es Sinn, absolut auf alles Fett zu verzichten? Nein, das ist sogar schlecht. Unsere Leberzellen brauchen Fett. Unser Fettstoffwechsel braucht Fett. Wir brauchen Fett für unsere Energie und innere Wärme. Aber das richtige Fett muss es sein. Keine tierischen Fette, außer etwas Butter, dafür hochwertige pflanzliche Fette: Olivenöl, Weizenkeimöl, Sonnenblumenöl,

Rapsöl, Distelöl usw. Man weiß das aus den USA aus Studien an der Universität von North Carolina.

Gibt es eine einfache Abspeck-Kur fürs Wochenende? Da empfehle ich die Kartoffel-Kur: Essen Sie jeden Tag ausschließlich 1 bis 1 1/2 Kilo Pellkartoffeln mit wenig Kräuterquark. Trinken Sie täglich dazu zwei bis drei Liter stilles Mineralwasser oder ungesüßten Kräutertee.

Ist fürs Abnehmen auch die körperliche Bewegung wichtig? Wer abnehmen will, muss sich auch bewegen. Das muss auch in einem Kochbuch gesagt werden. Wer zu viele Kalorien aufnimmt, muss sie wieder abbauen. Dazu gehört Bewegung. Ohne körperliche Bewegung kann die beste Diät nichts nützen. Wer wenig isst und sich nicht bewegt, der verliert Muskelmasse. Daher täglich mindestens 25 Minuten

Freizeitsport treiben. Dann werden Fettdepots abgebaut. Grundregel fürs Abnehmen: Kalorien-Buchhaltung führen! Wenn ich ein Stück fette Torte essen will, muss ich nachher eben zwei Stunden laufen gehen.

Gibt es spezielle Tricks gegen den Hunger, damit wir nicht zum Essen verleitet werden?
○ Jeden Bissen 30- bis 50-mal kauen, bewusst kauen. Dann ist man schneller satt. Die Nahrungsmasse bekommt mehr Volumen.
○ Niemals hungrig zu einer Einladung oder zum Einkaufen gehen.
○ Nicht zu viele Vorräte im Kühlschrank haben.
○ Chinesisch essen, aber – mit Stäbchen. Da isst man lange, wird schneller mit wenig Essen satt.
○ Niemals während des Fernsehschauens essen. Da hat man keine Kontrolle über die

aufgenommene Nahrung, vor allem, wenn das Programm spannend ist. Man isst bei einem spannenden Krimi oder Fußballspiel oft dreimal mehr, als man ohne TV-Konsum essen würde.

Gibt es in unserer täglichen Ernährung Ess-Bremsen, die unseren Hunger und Appetit stoppen, sodass wir leichter abnehmen können?

○ 15 Minuten vor jeder Mahlzeit ein Glas Wasser mit zwei Teelöffeln Apfelessig trinken.

○ Eine Grapefruit essen. Die Bitterstoffe bremsen den Appetit und Enzyme helfen, Fettdepots aufzulösen. In den USA sind diese Früchte beliebt als Diät-Begleiter. Aber Vorsicht: Wer zu Nierensteinen neigt, muss auf Grapefruits verzichten.

○ Mate-Tee trinken, dreimal täglich eine Tasse. Dieser Tee aus den Blättern des südamerikanischen Mate-Baumes, das „Gold Südamerikas", ist nicht, wie viele glauben, ein Tee, der schlank macht. Aber es ist ein Tee, der den Hunger bremst und daher hilft, schlank zu werden, also eine sinnvolle Ergänzung zum Wenig-Essen. Dies haben Studien am Institut für Umweltmedizin in Hemsbach ergeben.

○ Jeden Tag eine Hand voll frische Kresse roh essen: im Salat, auf dem Brot. Kresse liefert das Spurenelement Chrom und dieses steuert einen harmonischen Fettstoffwechsel, reguliert das Gefühl des Sattseins.

○ Über den Tag verteilt eine Ananas essen. Das Enzym Bromelain bremst ebenfalls den Hunger.

Gibt es auch Tricks, mit denen man sich beim Abnehmen überlisten kann?

○ Kleine Teller mit kleinen Portionen wirken psychologisch besser als große Teller mit kleinen Portionen.

○ Ruhige Musik beim Essen macht schneller satt. Heiße Rhythmen hingegen verleiten dazu, mehr zu essen.

○ Sind Sie ein gieriger Esser und Schlinger? Dann spielen Sie während der Mahlzeiten Linkshänder: Nehmen Sie Gabel oder Löffel in die linke Hand. Sie haben mehr Mühe, essen langsamer, sind eher satt.

Prof. Bankhofers persönlicher Schlank-Tipp

„Wenn ich merke, dass ich etwas zugenommen habe und abnehmen muss, dann wenden meine Frau und ich den Melonen-Trick an. Meine Frau schneidet eine Honig- oder Zuckermelone in zwei Hälften, nimmt mit einem Esslöffel die Kerne heraus und serviert jedem von uns eine Melonenhälfte mit einem Teelöffel. So beginnen wir eine Woche lang jede Mahlzeit. Der Trick dabei: Man nimmt mit der halben Melone wenig Kalorien, aber viel Flüssigkeit auf, dazu reichlich Vitamine, Mineralstoffe, Spurenelemente und Enzyme. Und man kann hinterher nicht mehr viel anderes essen."

Die besten 50 Lebensmittel
von A bis Z

Ananas

macht munter und gibt Kraft

Die Ananas enthält – abgesehen von den Vitaminen E, Biotin und B$_{12}$ – sämtliche Vitamine, Mineralstoffe und Spurenelemente, welche die Natur anzubieten hat. Dadurch ist sie ein Muntermacher und Energielieferant.

Der wichtigste Wirkstoff in der Ananas aber ist zweifelsohne das Enzym Bromelain, das in extrem reichem Maße vorhanden ist. Dieses Enzym, das Fett und Eiweiß spalten kann, wirkt sich auf mehrfache Weise positiv auf den Menschen aus:

○ Bromelain zerstört im Darm schädliche **Darmbakterien**.

○ Außerdem hilft es hervorragend, tierisches **Eiweiß** zu verdauen. Nach einer Fleischspeise ist es daher besonders zu empfehlen, eine Ananas zu verzehren.

○ Bromelain unterstützt den **Fettabbau** im Körper des Menschen und reguliert den **Fettstoffwechsel**. Die Ananas ist somit eine gute Hilfe bei jedem Abnehmprogramm.

○ Bromelain kann auch erhöhten **Blutdruck** senken. Es wirkt als **Blutverdünner** und stärkt das **Immunsystem**.

○ Das Bromelain in der Ananas lässt sich wunderbar äußerlich anwenden. Wenn man einen Wattebausch mit Ananassaft tränkt und damit die Haut regelmäßig einreibt, kann man **Altersflecken** aufhellen.

○ Wer Ananas genießt, entlastet die **Bauchspeicheldrüse**, fördert die natürliche **Entwässerung** des Körpers und kann **Darmstörungen** schneller beheben.

Die wichtigsten Inhaltsstoffe und Anwendungsbereiche

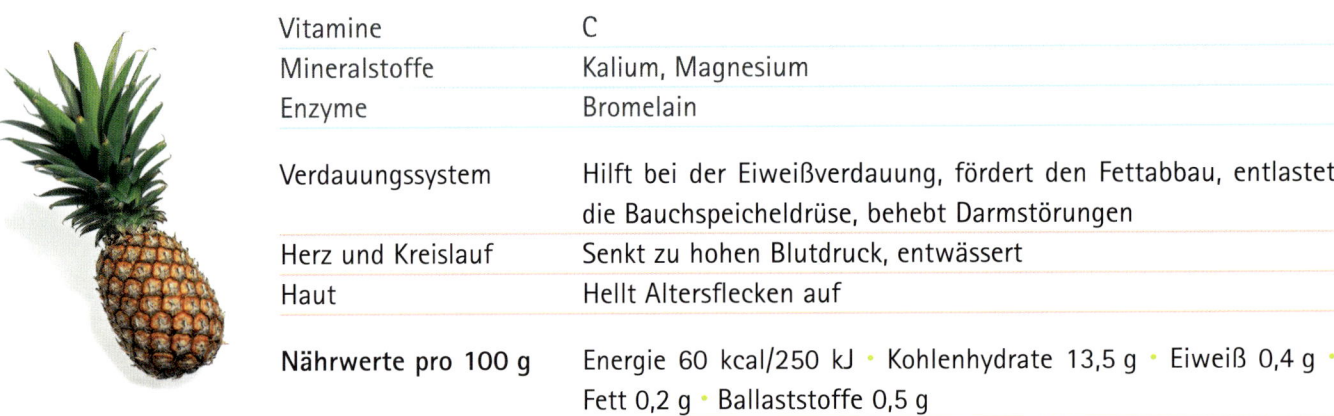

Vitamine	C
Mineralstoffe	Kalium, Magnesium
Enzyme	Bromelain
Verdauungssystem	Hilft bei der Eiweißverdauung, fördert den Fettabbau, entlastet die Bauchspeicheldrüse, behebt Darmstörungen
Herz und Kreislauf	Senkt zu hohen Blutdruck, entwässert
Haut	Hellt Altersflecken auf
Nährwerte pro 100 g	Energie 60 kcal/250 kJ · Kohlenhydrate 13,5 g · Eiweiß 0,4 g · Fett 0,2 g · Ballaststoffe 0,5 g

Tagesplan

MORGENS 2 Tassen Pfefferminztee mit 2 EL Honig sowie $1/8$ l Buttermilch mit 2 EL Haferflocken. Ein Müsli aus 1 EL Leinsamen, 2 EL Hirseflocken und 200 g in Würfel geschnittener Ananas mit Milch, Joghurt oder Ananassaft aufgießen.

VORMITTAGS $1/2$ frische Ananas.

MITTAGS 2 dicke Scheiben Ananas in Würfel schneiden, 1 Tomate würfeln, 2 Stangen Staudensellerie in Ringe schneiden, 1 mürben Apfel in Scheiben schneiden. Alles mit dem Saft von $1/4$ Zitrone beträufeln und vermengen. Zusammen mit $1/4$ Kopfsalat auf einem Teller anrichten. Die Marinade aus 3 EL Mayonnaise, etwas Salz, Pfeffer, Honig und Curry zubereiten. Dazu 150 g gegrillte oder gebratene Leber servieren.

Zum Mitnehmen für Berufstätige
$1/2$ Ananas in Scheiben schneiden. 60 g Magerquark mit 80 g steif geschlagener Sahne, 1 EL Honig, 1 TL Rosinen und 1 TL Zitronensaft mischen und das Ganze auf die Ananasscheiben geben oder mit den Ananasstücken verrühren. Dazu 5 Erdnüsse knabbern.

NACHMITTAGS $1/2$ frische Ananas, dazu 5 Erdnüsse knabbern.

ABENDS $1/2$ gehackte Zwiebel in etwas heißem Öl goldgelb andünsten. 200 g Sauerkraut mit 3 EL Weißwein und 4 EL Gemüsebrühe 20 Minuten gar kochen. Danach 100 g fein gehacktes rohes Sauerkraut mit $1/2$ Tasse Ananaswürfel

Das Mittagsrezept

verrühren, mit Salz und Pfeffer würzen. Eventuell mit einer halben gegrillten Putenbrust servieren. Letzteres muss aber nicht sein.

Spezialtipps
○ Es macht Sinn, an diesem Tag zwischendurch den Durst mit Ananassaft und Wasser im Verhältnis 1 zu 1 zu löschen.
○ Ananas und Ananassaft werden in südlichen Ländern gegen Seekrankheit eingesetzt.
○ In der Karibik isst man Ananas, um die Liebeslust bei Mann und Frau anzukurbeln.
○ Kaufen Sie nur reife Früchte. Diese erkennt man daran, dass sich die harten Schuppen leicht abzupfen lassen. Grüne Ananas sind unreif und wirkungslos.
○ Ananas verlieren im Kühlschrank 60 Prozent ihrer Vitalstoffe. Auch Ananas aus der Dose enthält keine nennenswerten Vitalstoffe mehr.
○ Schneiden Sie die Ananas zuerst in dicke Scheiben, die Sie dann erst schälen. Essen Sie die Scheiben von außen nach innen und lassen dann einfach den holzigen Kern übrig.

macht munter und gibt Kraft

pfel

„Ein Apfel am Tag spart den Arzt"

Um die Wirkung von Äpfeln wussten bereits unsere Großeltern und Urgroßeltern. Wahrscheinlich ist der Apfel auch deshalb so beliebt. Äpfel sind eine Naturmedizin gegen viele gesundheitliche Probleme.

○ Ein Apfel vor dem Zu-Bett-Gehen kann einen **tiefen, festen Schlaf** vermitteln. Die Wirkstoffe des Apfels sorgen für eine gleichmäßige Verteilung des **Blutzuckers** während der Nacht. Tagsüber dagegen sind sie rasche **Energiespender**.

○ Prof. Dr. Helmut Sinzinger von der Universität Wien hat herausgefunden: Der Apfelquellstoff Pektin und die im Apfel enthaltene Pottasche senken zu **hohe Cholesterinwerte**, beugen somit einer vorzeitigen **Arteriosklerose** vor und stärken das **Herz.** Außerdem soll das Apfelpektin **Darmkrebs** vorbeugen.

○ Wenn man die ersten Anzeichen einer **Migräne** verspürt, kann man sehr oft mit dem Genuss eines Apfels den Anfall verhindern. Auch ein **Alkoholkater** mit all seinen Folgen ist mit zwei knackigen Äpfeln auf nüchternen Magen schnell besiegt.

○ Der amerikanische Arzt Dr. Jeffrey S. Hyams empfiehlt einen Apfel vor dem Essen zur Förderung des **Stuhlganges** und zur Bekämpfung der sehr verbreiteten **Verstopfung**. Die Erklärung: Äpfel regulieren das Wachstum der gesunden Darmflora.

○ Äpfel wirken aber auch gegen **Bluthochdruck**. Sie schwemmen übermäßige Mengen an Kochsalz und Wasser aus dem Organismus. Dadurch entsteht die blutdrucksenkende Wirkung.

Die wichtigsten Inhaltsstoffe und Anwendungsbereiche

Vitamine	C
Mineralstoffe	Kalium, Eisen
Ballaststoffe	Pektin, Zellulose
Sonstige	Pottasche
Herz und Kreislauf	Senkung hoher Cholesterinwerte, Vorbeugung von Arteriosklerose, Stärkung des Herzens, Hilfe bei Bluthochdruck
Wohlbefinden	Verhinderung von Migräne, Erleichterung eines Alkoholkaters
Verdauungssystem	Hilfe bei Verstopfung, Regulierung der Darmflora
Nährwerte pro 100 g	Energie 59 kcal/248 kJ · Kohlenhydrate 15,0 g · Eiweiß 0,2 g · Fett 0,4 g · Ballaststoffe 2,2 g

Tagesplan

MORGENS 2 Tassen Kaffee oder Früchtetee mit wenig Zucker. Ein Müsli aus 200 g Trauben, 3 EL Fünf-Korn-Flocken (Reformhaus), 1 geschälten und geraspelten süßen Apfel, 1 EL gehackten Walnüssen sowie 1 Becher Magerjoghurt, dazu 1 Glas naturtrüben Apfelsaft.

VORMITTAGS 1 Apfel und 1 Glas Kefir.

MITTAGS Aus 2 Eiern, 50 g Mehl, 5 EL Milch, 1 EL Zucker und 1 Prise Salz einen Pfannkuchenteig herstellen. 1 Apfel schälen, entkernen und in Spalten schneiden. Den Teig in eine Pfanne mit Fett geben und die Apfelspalten darauf verteilen. Von jeder Seite etwa 4 Minuten bei mittlerer Hitze backen. Mit Zimt oder Puderzucker bestreuen.

Zum Mitnehmen für Berufstätige
2 Heringsfilets in kleine Stücke schneiden. 1 Apfel schälen und würfeln, 1/2 Zwiebel und 1 Gewürzgurke ebenfalls würfeln und alles miteinander mischen. 2 EL Öl, 1 EL Essig und 1 EL Sahne verrühren, mit Salz, Pfeffer und etwas Zucker abschmecken und unter den Salat heben. Dazu 1 Vollkornbrötchen.

NACHMITTAGS 1 Hand voll getrockneter Apfelchips, dazu 1 Glas naturtrüben Apfelsaft.

ABENDS 2 Möhren und 1 Apfel schälen, raspeln und vermischen. 2 bis 3 EL Zitronensaft, 1 EL Rapsöl sowie etwas Zucker nach Belieben darunter mischen. Einige gehackte Walnüsse dazugeben. Dazu 1 Scheibe Vollkornbrot.

Spezialtipps

O Manche Menschen bekommen richtig Appetit von einem Apfel. Wenn sie zwei bis drei Äpfel essen, sind sie satt und können danach nicht mehr viel essen.

O Achten Sie beim Einkauf von Äpfeln darauf, dass diese nicht in der prallen Sonne liegen, da sonst ihr Gehalt an lichtempfindlichen Vitaminen abnimmt.

O Beim Kauf von Apfelsaft sollte man sich für den richtigen „Saft" mit 100 Prozent Fruchtsaftgehalt entscheiden. Fruchtnektare und Fruchtsaftgetränke enthalten immer einen Wasser- und Zuckerzusatz.

O Äpfel nicht mit anderen Obstsorten gemeinsam lagern. Sie geben bei der Lagerung das Reifegas Ethylen ab, was zum Beispiel Bananen schneller reifen lässt.

Das Mittagsrezept

„Ein Apfel am Tag spart den Arzt"

Avocado

hilft bei schlechter Laune

Wenn „dicke Luft" herrscht, dann greifen Sie zur Avocado. Sie ist eine wirksame Naturmedizin gegen schlechte Laune. Neben Folsäure, Vitamin C und E, Kalium und Ballaststoffen versorgt uns die Avocado mit vielen weiteren Vitalstoffen.

○ Das Wertvolle an der Avocado sind die überwiegend einfach ungesättigten Fettsäuren, welche das schädliche **LDL-Cholesterin** senken und das schützende **HDL-Cholesterin** erhalten und fördern. Übrigens: Avocados enthalten zwar Fett, aber kein Cholesterin. Kein pflanzliches Nahrungsmittel enthält Cholesterin.

○ Avocados wirken gegen **Menstruationsstörungen** und eignen sich ideal zur Vorbeugung gegen **Darminfektionen**.

○ Die Pantothensäure (Vitamin B$_5$) der Avocado wirkt positiv auf **Haut** und **Haar**.

○ Außerdem gilt die Frucht als natürliches Mittel, das bei Mann und Frau die **Liebeslust** anregt.

○ Das in der Avocado enthaltene Glutathion schützt vor einer Reihe von **Krebs**formen.

○ Das Lutein senkt das Risiko für die Augenkrankheit **Makula-Degeneration**.

○ Ein beachtlicher Cocktail an B-Vitaminen – verbunden mit Kalium – **beruhigt erhitzte Gemüter**. Studien in den USA haben ergeben, wenn in Familien häufig gereizte Stimmung herrscht, dann sollten alle Beteiligten regelmäßig rohe Avocados essen, das beruhigt.

○ In den USA hat man nachgewiesen: Die noch nicht ganz reifen Avocado-Früchte enthalten drei Substanzen, die das Risiko für **Prostatakrebs** beim Mann senken.

Die wichtigsten Inhaltsstoffe und Anwendungsbereiche

Vitamine	B$_5$, C, E, Folsäure, Niacin
Mineralstoffe	Kalium, Magnesium
Sekundäre Pflanzenstoffe	Lutein
Sonstige	Glutathion, einfach ungesättigte Fettsäuren
Herz und Kreislauf	Senkung hoher Cholesterinwerte
Immunsystem	Schutz vor verschiedenen Krebsarten
Frauenleiden	Menstruationsstörungen
Verdauungssystem	Vorbeugung von Darminfektionen
Nervensystem	Beruhigung bei Stress und Aggressionen
Nährwerte pro 100 g	Energie 161 kcal/676 kJ · Kohlenhydrate 7,4 g · Eiweiß 2,0 g · Fett 15,3 g · Ballaststoffe 2,1 g

Tagesplan

MORGENS 2 Tassen ungesüßter Kräutertee. 1 Avocado halbieren, das Fruchtfleisch mit einem Löffel aus der Schale lösen, mit dem Saft $1/2$ Zitrone im Mixer pürieren. Sahne steif schlagen, vorsichtig mit dem Avocado-Püree mischen und wieder in die Avocado-Schalen füllen.

VORMITTAGS Das Fruchtfleisch 1 Avocado mit frischen Kräutern und Kräutersalz verrühren. Die Hälfte davon auf eine kleine Scheibe Vollkornbrot streichen. Den Rest kühl stellen.

MITTAGS 1 kleine Zwiebel schälen, in 1 EL Öl dünsten, $1/2$ zerdrückte Knoblauchzehe, $1/2$ Paprikaschote zugeben. Zugedeckt bei schwacher Hitze 15 bis 20 Minuten dünsten. 200 g Tomaten in Streifen schneiden, zur Zwiebelmasse dazugeben. Mit Salz, Zucker und Zimt würzen. Die Sauce dicklich einkochen. 1 Spiegelei braten, die Avocado in Spalten schneiden. Die Tomatensauce in eine Schale füllen, das Spiegelei darauf geben und rundum Avocadospalten legen. Mit Petersilie und Schnittlauch bestreuen. Eventuell 1 Scheibe Weißbrot dazu.

Zum Mitnehmen für Berufstätige

Das Fruchtfleisch von 2 reifen Avocados mit einem Löffel aus der Schale holen. Mit Pfeffer und Salz würzen. Dann ganz dick auf eine dünne Scheibe Vollkornbrot legen.

NACHMITTAGS 1 Vollkorntoast mit dem Aufstrich vom Vormittag.

ABENDS 1 Avocado waschen, trocknen und ins Eisfach des Kühlschrankes legen. 60 g Doppelrahm-Frischkäse mit 1 TL Senf und 1 EL Sahne verrühren. 2 Walnüsse zum Garnieren aufheben. 6 weitere Walnüsse hacken und mit 2 EL gehäuteten, gehackten Pistazien zur Käsemasse geben. Gut mischen und mit je 1 Prise edelsüßem Paprikapulver und weißem Pfeffer würzen. Die kalte Avocado der Länge nach durchschneiden, das Fruchtfleisch mit Zitronensaft beträufeln. 2 Käsekugeln formen und je eine auf eine Avocado-Hälfte legen. Mit dem Rest der Käsemischung die Avocado garnieren. Auf jede Käsekugel 1 Walnuss legen. Danach 2 Tassen Kräutertee.

Spezialtipps

○ Avocados sind fett, cremig und sehr sättigend. Man hat nach dem Essen einer solchen Frucht – sie hat etwa 300 Kalorien – lange Zeit keinen Hunger.

○ Ein wichtiger Tipp für Cholesterin-Patienten: Streichen Sie anstelle von Butter Avocadofruchtfleisch aufs Brot.

Das Abendrezept

Banane

macht uns glücklich

Die Banane wird von der Weltgesundheitsorganisation als „Frucht der Früchte" bezeichnet, weil man viele Tage allein von Bananen leben könnte, ohne dass man einen Mangel erleidet.

○ Banane macht **glücklich** durch den pflanzlichen Hormonstoff Serotonin. Dieser aktiviert unser körpereigenes Glückshormon.

○ Die Banane ist ein klassisches **Antistressmittel**, weil sie uns mit den Mineralstoffen Magnesium und Kalium sowie mit dem beruhigenden Bioaktivstoff Katecholamin versorgt.

○ Die Banane ist reich an den Vitaminen B_1 und B_2, die wir zur **Nervenstärkung** benötigen.

○ Die Banane stärkt Herz und Kreislauf, bremst die **Adernverkalkung**. Das senkt das Risiko für einen **Herzinfarkt**.

○ Sie schützt die **Magen-** und **Darmschleimhaut** wie ein Schutzmantel vor zuviel Magensäure. Man kann sich als gesunder Mensch durch Bananen vor einer **Gastritis** schützen.

○ Die Banane enthält alle wichtigen Stoffe für einen **gesunden, tiefen Schlaf**. Zum Beispiel die Aminosäuren Tryptophan und Tyrosin. Aus dem Tryptophan kann der Körper das Schlafhormon Melatonin produzieren.

○ Mit Banane **schlank bleiben**: Fest und noch nicht zu gelb ist sie ein Kohlenhydrat, das langsam in den Organismus kommt und die **Bauchspeicheldrüse** nicht zwingt, allzu viel **Insulin** zu produzieren. Dadurch werden keine Fettpolster daraus. Weich, vollreif und süß ist die Banane ein schneller **Energiespender**.

Die wichtigsten Inhaltsstoffe und Anwendungsbereiche

Vitamine	B_1, B_2, B_6
Mineralstoffe	Magnesium, Kalium
Aminosäuren	Tryptophan, Tyrosin
Hormonstoff	Serotonin, Katecholamin
Nervensystem, Geist, Gemüt	Bei negativen Stimmungen, in Stresssituationen
Herz und Kreislauf	Zur Senkung des Herzinfarktrisikos, zur Verlangsamung der Adernverkalkung
Verdauungssystem	Bei zu viel Magensäure, Schutz vor Gastritis
Nährwerte pro 100 g	Energie 94 kcal/392 kJ · Kohlenhydrate 21,4 g · Eiweiß 1,1 g · Fett 0,2 g · Ballaststoffe 1,8 g

Tagesplan

MORGENS 2 Tassen Matetee oder 2 Tassen ungesüßter Kaffee. 1 Scheibe Vollkornbrot mit wenig Butter oder Margarine und 2 dünnen Scheiben Putenschinken. Dazu ein 4-Minuten-Ei. Anschließend 1 Banane in Scheiben mit 1 Becher Kefir. Zusätzlich 1/4 l frisch gepresster Orangensaft.

VORMITTAGS 1 Banane.

MITTAGS 1 Banane, 1 Birne und 1 Apfel schälen und in kleine Würfel schneiden, mit Zitronensaft beträufeln, gut vermischen und mit 1 Becher Magerjoghurt verrühren. Dazu 150 g gebratene oder gekochte Hühnerbrust.

Zum Mitnehmen für Berufstätige

1 Banane schälen und in Scheiben schneiden. 1/4 frische Ananas schälen und in kleine Würfel schneiden. Alles in eine Schüssel geben und mit 250 g Vanillejoghurt mischen. 3 Datteln kleinhacken und zusammen mit 2 EL Rosinen auf den Obstsalat streuen.

NACHMITTAGS 5 getrocknete Bananen-Chips (Reformhaus) im Mund weich werden lassen und anschließend kauen.

ABENDS 1 Banane schälen und der Länge nach in 2 Hälften schneiden. Auf einen Teller legen, 1/8 l warme Vanillesauce oder 125 g kalten Vanillejoghurt darauf geben und 2 EL Erdbeer- oder Kirschmarmelade darauf verteilen, danach 1 Tasse Kakao.

Spezialtipps

○ Bewahren Sie die Bananen nie im Kühlschrank auf. Sie bauen rasch ihre Wirkstoffe ab und schmecken schlecht.

○ Legen Sie die Bananen niemals in die Nähe von Äpfeln oder Tomaten. Die ausströmenden Gase der Äpfel und Tomaten lassen die Bananen schneller reifen. Sie bekommen dann sehr schnell braune Flecken.

○ Sobald eine Banane ganz weich geworden ist und dunkle, braune Flecken hat, sind fast alle wertvollen Inhaltsstoffe abgebaut.

Das Mitnehmrezept

Beeren

Vitamin-C-Bomben mit viel Geschmack

Frische Beeren sind ein Geschmackserlebnis, doch auch gesundheitlich haben sie einiges aufzuweisen.

○ Die Erdbeere ist ein **Schmerzmittel**, vor allem hilft sie bei **Kopfschmerzen** und **Migräne**. Außerdem senkt sie das **Krebsrisiko** im Darm und in den Atemwegen. Sie liefert Folsäure, wichtig für **Herz**, **Blut** und **Kreislauf**.

○ Mit ihren Gerbstoffen, Schleimstoffen und ätherischen Ölen ist die Erdbeere auch ein natürliches **Antibiotikum** gegen entzündliche Prozesse im Körper.

○ Erdbeeren wirken **harntreibend**, stärken die **Nerven**, verbessern die **Laune**, vertreiben **Müdigkeit** und fördern die **Liebeslust**.

○ Mit Johannisbeeren kann man der **Cellulite** vorbeugen, weil die enthaltenen Vitamine C und E das **Bindegewebe** straffen.

○ Der Bioaktivstoff Quercetin in der Schwarzen Johannisbeere senkt das Risiko für **Dickdarmkrebs**.

○ Himbeeren wirken **entwässernd** und **darmreinigend**. **Nieren** und **Blase** werden gestärkt und aktiviert. Zudem liefern sie Biotin, wichtig für geschmeidige **Haut** und glänzendes **Haar**.

○ Heidelbeeren sind hervorragend, um zu hohe **Cholesterin**werte zu senken. Sie stärken außerdem die **Darmflora**, schützen die **Augen** und können **Migräne**schübe stoppen.

○ Getrocknete Heidelbeeren wirken gut bei **Durchfall** und als natürliches **Antibiotikum**.

Die wichtigsten Inhaltsstoffe und Anwendungsbereiche

Vitamine	C, E, Folsäure, Biotin
Spurenelemente	Mangan, Eisen, Magnesium
Sekundäre Pflanzenstoffe	Kämpferol, Quercetin, Rutin
Immunsystem	Schutz vor Sommererkältungen, Minderung des Krebsrisikos im Darm und in den Atemwegen, natürliches Antibiotikum
Niere und Blase	Bei Nierensand und Nierensteinen
Nervensystem, Geist, Gemüt	Bei Müdigkeit und schlechter Laune, zur Förderung der Liebeslust
Haut, Haare, Nägel	Vorbeugung von Cellulite, unterstützt Haut und Haare
Nährwerte pro 100 g Erdbeeren	Energie 30 kcal/126 kJ · Kohlenhydrate 7,0 g · Eiweiß 0,6 g · Fett 0,4 g · Ballaststoffe 2,6 g

Tagesplan

MORGENS 2 Tassen schwarzer Tee mit etwas Honig. Ein Beerenmüsli aus folgenden Zutaten: 2 bis 3 EL Dinkelflocken, 100 g Erdbeeren oder TK-gemischte Beeren, 1 TL Sesamsamen, 1 TL Honig, 1 Becher Naturjoghurt.

VORMITTAGS 150 ml Milch mit 2 bis 3 EL Himbeeren, etwas Vanillezucker und 1 Prise Zimt mixen und in einem Longdrinkglas servieren.

MITTAGS 200 ml Buttermilch mit 2 Eiern, 2 EL Rapsöl, 100 g Mehl, 1 TL Natron, 1 Prise Salz zu einem Pfannkuchenteig verrühren. Einige frische Himbeeren oder Heidelbeeren unterheben. Aus dem Teig kleine Pfannkuchen in einer Pfanne mit etwas Fett backen.

Das Frühstücksrezept

Zum Mitnehmen für Berufstätige
Die Pfannkuchen vorbacken und in einer Frischhaltebox mitnehmen. Dazu eine Quarkcreme aus 100 g Magerquark, 1 Becher Naturjoghurt und 1 Päckchen Vanillezucker.

NACHMITTAGS 1 Bällchen Himbeer- oder Erdbeereis oder Quark mit TK-Beeren.

ABENDS 250 g Erdbeeren waschen, putzen, pürieren und eventuell durch ein feines Sieb streichen. Etwas Zitronensaft, Honig, 100 g Naturjoghurt, 100 ml Milch und etwas frische Minze unterrühren. 2 Stunden kühl stellen, anschließend servieren.

Spezialtipps
○ All diese Wirkungen kommen nur dann zum Tragen, wenn die Beeren frisch, saftig und süß sind. Keine Früchte kaufen, die in der prallen Sonne stehen.
○ Erdbeeren haben übrigens mehr Vitamin C als Zitrone und Orange.
○ Viele Menschen bekommen durch Erdbeeren Hautausschlag, Bläschen im Mund, Atembeschwerden, Kopfschmerzen. Sie vertragen die natürlichen Gerbstoffe der Erdbeere nicht und müssen grundsätzlich auf Erdbeeren verzichten, auch auf heimische Ware und auf Bioware.
○ Schwarze und rote Johannisbeeren sind ein Mittel gegen Halsschmerzen und Heiserkeit: Gurgeln Sie mit Johannisbeersaft mit etwas warmem Wasser. Die Salicylsäure und Gerbsäure töten Bakterien und Viren im Rachen.

Birne

reinigt den Dam und entschlackt

Die Birnen stammen ursprünglich aus Asien, wachsen aber auch hier in Europa gern. Die meisten Menschen greifen lieber zum Apfel. Dabei ist die Birne ebenso wertvoll und kann zu köstlichen Gerichten verarbeitet werden.

○ Die Birne versorgt uns mit reichlich Flüssigkeit, bleibt kurz im Magen und liefert die gelösten Vitalstoffe besonders rasch in den Darm. Auf diese Weise **reinigt** die Birne **den Darm** und unterstützt die positiven, gesundheitsfördernden Darmbakterien bei ihrer Arbeit.

○ Birnen sind ein gutes Mittel gegen **Verstopfung**.

○ Man kann mit Birnen hervorragend den gesamten **Organismus entgiften**. Sie aktivieren die Arbeit der Nieren und der Blase.

○ Und sie liefern interessante Mengen am Vitamin Folsäure, wichtig für **Herz** und **Kreislauf**, zum Aufbau von **Glückshormonen** und für die werdende Mutter gegen **Fehl- und Frühgeburten**.

○ Was wenige wissen: Die Birne hält unser **Gehirn fit**, macht uns geistig rege. Dafür sind die Spurenelemente Kupfer und Phosphor verantwortlich.

○ Durch den hohen Anteil an Mineralstoffen in der Birne kann sie **erhöhte Blutdruckwerte** senken. Bluthochdruck-Patienten bekommen oft von ihrem Arzt den Ratschlag, einmal pro Woche einen Birnentag einzulegen.

○ Um den **Kater** nach zuviel Alkohol zu bekämpfen, können Birnen – leicht in Wasser gedünstet – gegessen werden.

○ Versuchen Sie auch, mit Birnen **Nervosität** zu bekämpfen. Besonders gut ist dies bei Schulkindern zu machen.

Die wichtigsten Inhaltsstoffe und Anwendungsbereiche

Vitamine	Folsäure
Mineralstoffe	Kalium
Spurenelemente	Kupfer, Phosphor
Verdauungssystem	Für eine gesunde Darmflora, bei Verstopfung
Herz und Kreislauf	Senkung hoher Blutdruckwerte
Nervensystem, Geist, Gemüt	Zur geistigen Fitness, für eine positive Stimmung
Nährwerte pro 100 g	Energie 59 kcal/248 kJ · Kohlenhydrate 15,0 g · Eiweiß 0,4 g · Fett 0,4 g · Ballaststoffe 1,4 g

Tagesplan

Das Abendrezept

Morgens 2 Tassen Hagebuttentee mit ganz wenig Honig. Ein Müsli aus 3 EL 5-Korn-Flocken (Reformhaus), 50 g Dörrpflaumen, 2 Datteln und 2 getrockneten Feigen, 1 Kiwi in Scheiben, 1 Birne in kleinen Stücken, 1 EL gehackten Mandeln sowie 1 Becher Magerjoghurt und 2 EL Orangensaft.

Vormittags 2 reife, süße Birnen und 1 Becher Naturjoghurt.

Mittags 100 g Birne schälen, entkernen, in Stücke schneiden. 60 g Edamer in Streifen schneiden, mit Salz, Pfeffer und Zitronensaft würzen. 2 EL saure Sahne unterrühren. In einer Dessertschale oder in einem Teller auf einem Salatblatt anrichten, mit 2 EL gehackten Erdnüssen und 1/2 Tomate garnieren, dazu 1 Scheibe Vollkornbrot.

Zum Mitnehmen für Berufstätige
1 Dreieck Schmelzkäse mit gehacktem Dill oder gehackter Petersilie verrühren. 3 Birnen waschen, der Lange nach halbieren, das Kernhaus herausschneiden. Die Birnen-Schnittfläche mit Zitronensaft bestreichen. Die Käsecreme in die Vertiefung der halben Birnen füllen und jeweils 3 Oliven darauf legen.

Nachmittags 2 saftige Birnen, dazu ein Vollkornbrot mit Quark.

Abends 1 Birne waschen, schälen, halbieren und entkernen. Birnenhälften in etwas Butter in einer Pfanne anbraten. 2 TL Honig darauf geben, durch Schwenken verteilen. Anschließend für etwa 8 Minuten bei 200 °C in den Backofen geben. 75 g Blauschimmelkäse (zum Beispiel Gorgonzola) zerkrümeln und auf die Birnen streuen. Dazu 1 Scheibe Vollkornbrot.

Spezialtipps
O Verwenden Sie nur reife, saftige und süße Birnen. Harte Birnen verursachen oft Blähungen und Magenschmerzen.
O Wer unter Magen- und Darmstörungen leidet, sollte Birnen nur gekocht als Kompott in den Speiseplan aufnehmen.
O Wenn Birnen im Laden bereits braune Flecken aufweisen, Hände weg davon. Sie enthalten fast keine Vitalstoffe mehr.
O Birnen müssen schnell verbraucht werden. Sie bauen rasch ihre Wirkstoffe ab.
O Heute wäre es sinnvoll, über den Tag verteilt 1 Liter Wasser mit 1 Liter Birnensaft gemischt zu trinken.

reinigt den Darm und entschlackt

Bohnen

gut gegen Stress

Bohnen werden als Nahrungsmittel bei uns weit unterschätzt. Sie sind reich an Ballaststoffen und hochwertigem pflanzlichem Eiweiß.

○ Das Eiweiß macht stark gegen **Stress** und fördert die **Leistungskraft.**

○ Die Ballaststoffe quellen auf und saugen **Gallensäuren** sowie **Schadstoffe** auf und transportieren sie über den Darm ab. Dadurch wird die Leber gezwungen, neue Gallensäuren zu produzieren. Dazu braucht sie **Cholesterin**, das auf diese Weise gesenkt wird.

○ Bohnen liefern uns viele B-Vitamine und Magnesium für **Nerven**, **Herz** und **Kreislauf.**

○ Kidneybohnen enthalten besonders viel Betacarotin für die **Atemwege** und die **Sehkraft**, aber auch Kupfer zur Vorbeugung von **Rheuma.**

○ Wer regelmäßig grüne Bohnen in den Speiseplan einbaut, kann damit viel für seine Gesundheit tun. Grüne Bohnen enthalten reichlich Nicotinsäure (Vitamin B_3). Sie unterstützt alle Enzyme, die für gesundes **Blut** verantwortlich sind.

○ Grüne Bohnen liefern viel Panthothensäure, ein hochwirksames Anti-**Stress**-Vitamin. Wer unter Leistungsdruck steht, sollte regelmäßig grüne Bohnen essen.

○ In den grünen Schalen der Bohnen sind so genannte Glukokinine enthalten. Sie haben eine insulinähnliche Wirkung und können den **Blutzuckerspiegel** des **Diabetikers** positiv beeinflussen, aber niemals die ärztliche Therapie ersetzen.

○ Grüne Bohnen helfen beim **Abnehmen**. 100 Gramm haben nur 32 Kalorien. Und sie machen schnell satt.

Die wichtigsten Inhaltsstoffe und Anwendungsbereiche

Vitamine	B_1, B_3, B_5
Mineralstoffe	Magnesium
Spurenelemente	Kupfer
Sekundäre Pflanzenstoffe	Betacarotin
Hormonstoffe	Glukokinine
Nervensystem, Geist, Gemüt	In Stresssituationen und bei Leistungsdruck
Herz und Kreislauf	Senkung hoher Cholesterinwerte
Nährwerte pro 100 g grüne Bohnen	Energie 32 kcal/136 kJ · Kohlenhydrate 5,1 g · Eiweiß 2,4 g · Fett 0,2 g · Ballaststoffe 1,9 g

Tagesplan

MORGENS 2 Tassen schwarzer Tee mit etwas Honig. 1 Scheibe Vollkornbrot mit 2 Scheiben Putenbrust. Dazu 1 Becher Naturjoghurt und 3 EL Kidneybohnen (aus der Dose).

VORMITTAGS 200 g weiße Bohnen (aus dem Glas) pürieren. 1/2 kleingehackte Peperoni in 100 ml Rapsöl anbraten und zusammen mit dem Bohnenpüree zu einer Paste verrühren und mit Salz würzen. 2 Scheiben Vollkornbaguette toasten und mit der Hälfte der Paste bestreichen. Die andere Hälfte für nachmittags aufheben.

MITTAGS 200 g grüne Bohnen halbieren und in etwas Wasser gar dünsten. 200 g Tomaten dünsten, häuten, zerdrücken und als Mus mit Salbei, Basilikum und Kräutersalz über die Bohnen gießen. 60 g frisches Rinderhackfleisch kurz braten und darunter mischen. Mit einem Spiegelei obenauf servieren. Dazu 1 Glas Tomatensaft.

Zum Mitnehmen für Berufstätige

1 kleine Dose grüne Bohnen abtropfen lassen und die Bohnen mit 1 gehackten Zwiebel, 1 Dose Thunfisch, 1 EL gehackter Petersilie, 2 EL Rapsöl und 1 EL Essig mischen. Mit Salz und Pfeffer würzen. Dazu 1 Vollkornbrötchen.

NACHMITTAGS 2 Scheiben Vollkornbaguette toasten und mit der restlichen Bohnenpaste bestreichen.

ABENDS 150 g grüne Bohnen waschen und putzen, eventuell halbieren. 1 Knoblauchzehe zerdrücken. Bohnen in Salzwasser blanchieren und abschrecken. Etwas Öl in eine Pfanne geben und den Knoblauch hinzufügen, kurz braten. Bohnen dazugeben und ebenfalls braten. Mit Sojasauce und etwas Zucker würzen. Dazu 1 Scheibe Bauernbrot.

Spezialtipps

○ Sie können anstelle der roten Kidneybohnen auch weiße Bohnen nehmen. Beide gibt es bereits verzehrfertig in der Dose.

○ Grüne Bohnen sollte man nicht roh oder nur blanchiert essen. Sie enthalten gleich drei verschiedene Giftstoffe, so genannte Toxine und Lektine, die zu Übelkeit, Erbrechen und Magenbeschwerden führen können. Diese Giftstoffe werden erst vernichtet, wenn man die grünen Bohnen 12 bis 15 Minuten kocht.

○ Diabetiker sollten über den Tag verteilt 1/2 l Bohnenschalentee trinken: 1 Hand voll getrocknete Bohnenschalen (Apotheke) in 1/2 l Wasser kochen, bis eine dicke Brühe entsteht. Lauwarm in drei Tagesdosen trinken.

Das Mitnehmrezept

Brokkoli

Brokkoli ist ein besonders interessantes Gemüse. Es liefert reichlich Vitamine der Gruppe B sowie Kalium, Calcium und Phosphor.

○ Der Hauptwirkstoff aber ist zweifelsohne das Sulforaphan, das an der John-Hopkins-Universität in Baltimore, USA, entdeckt wurde. Es kurbelt in unserem Körper die Produktion von bestimmten Enzymen an, welche **krebs**auslösende Substanzen in unseren Zellen unschädlich machen können. Besonders positiv wirkt das Sulforaphan aus dem Brokkoli auf die Leberzellen. Wer also verstärkt Umweltbelastungen ausgesetzt ist und wer raucht, der sollte regelmäßig Brokkoli essen.

○ Mit Brokkoli kann dem **Helicobacter pylori** – ein Bakterium, das für die Entstehung von **Magenkrebs** mitverantwortlich ist – vorgebeugt werden.

○ Auch bei **Blasenkrebs** kann der Verzehr von Brokkoli ein Voranschreiten der Erkrankung verlangsamen.

○ An der Universität Saskatchewan wurde erwiesen, dass Inhaltsstoffe des Brokkolis auch vor **Arteriosklerose** und **Bluthochdruck** schützen.

○ Calcium ist in besonders großer Menge vorhanden. Damit hilft Brokkoli auch, den Calciumbedarf zu decken, um zum Beispiel der **Osteoporose** vorzubeugen.

○ Für **Schwangere** und die, die es in naher Zukunft werden wollen, ist Brokkoli wegen seines hohen Gehalts an Folsäure besonders gesund, denn Folsäure wird für die Entwicklung des Embryos benötigt.

Die wichtigsten Inhaltsstoffe und Anwendungsbereiche

Vitamine	C, A, Betacarotin, B_1, B_2, B_3, B_6, Folsäure
Mineralstoffe	Kalium
Sekundäre Pflanzenstoffe	Sulforaphan
Immunsystem	Schutz vor krebsauslösenden Substanzen
Verdauungssystem	Schutz vor Helicobacter pylori
Nährwerte pro 100 g	Energie 28 kcal/118 kJ · Kohlenhydrate 5,1 g · Eiweiß 2,9 g · Fett 0,4 g · Ballaststoffe 2,6 g

Tagesplan

MORGENS 2 Tassen Kaffee, ungesüßt. 125 g Brokkoli waschen und in sehr kleine Röschen zerpflücken, eine kleine Zwiebel würfeln, beides mischen. Darüber ein Dressing aus 2 bis 3 EL Naturjoghurt, 1 EL Essig, Salz und Pfeffer geben. Mit 1 EL Pinienkernen und 1 EL Rosinen bestreuen, dazu 1 Scheibe Vollkornbrot.

VORMITTAGS Einige Möhrenstifte. Dazu folgenden Dip: 100 g Brokkoli blanchieren, mit 125 g Dickmilch und etwas Rapsöl pürieren. 2 EL leichte Crème fraîche unterrühren und mit Salz, Pfeffer, Muskat und Zitronensaft abschmecken. Die Hälfte des Dips servieren.

MITTAGS 150 g Brokkoli waschen und in kleine Röschen teilen. 1 gewürfelte kleine Zwiebel und 1 zerdrückte Knoblauchzehe in etwas Öl

Das Frühstücksrezept

andünsten, Brokkoli zugeben und mitdünsten. 200 ml Gemüsebrühe und 50 g Sahne angießen, aufkochen und etwa 15 Minuten köcheln lassen. Anschließend pürieren und mit Salz und Pfeffer abschmecken.

Zum Mitnehmen für Berufstätige
125 g Brokkoli putzen und in Röschen teilen. Diese in Salzwasser nicht zu weich garen. 1 kleine Zwiebel würfeln und mit dem Brokkoli mischen. In Öl eingelegten Fetakäse würfeln und unterheben. Mit etwas Feta-Öl-Marinade, Essig, Salz und Pfeffer abschmecken. Dazu passt Fladenbrot.

NACHMITTAGS Die zweite Hälfte des Dips mit gelben Paprikastreifen servieren.

ABENDS 200 g Brokkoli in kochendes Wasser geben, mit Salz und einem Hauch Muskat würzen, 10 Minuten kochen. 1 EL Butter erhitzen, 1/2 gewürfelte Zwiebel darin leicht anrösten, 50 g gekochten Schinken in Würfeln dazugeben und kurz braten. Brokkoli mit der Schinkenmasse mischen.

Spezialtipps
○ Brokkoli ist nur wertvoll und reich an Vitalstoffen, wenn er dunkelgrün ist und deutlich duftet. Hat die Brokkoli-Rose einen leichten gelben Farbanflug, ist sie wertlos.
○ Wenn die Brokkoli-Röschen besonders zart und jung sind, kann man zwischendurch bei Hunger auch eines roh essen.

entgiftet und beugt Krebs vor

Brot

die ideale Anti-Stress-Nahrung

Unter rund 300 Brotsorten haben wir in Deutschland die Auswahl. Eine solche Vielfalt wird in kaum einem anderen Land geboten.

○ Vollkornbrot liefert Magnesium für **Herz** und **Kreislauf**, Vitamin B_1 für starke **Nerven**, B_6 für **Muskeln** und **Haut**, Ballaststoffe für die **Verdauung**, Eisen fürs **Blut**. Man kann Vollkornbrot als **Anti-Stress-Nahrung** bezeichnen.
○ Die Ballaststoffe im Vollkornbrot helfen auch, zu hohe **Cholesterin**werte zu senken.
○ Im Vollkornbrot finden wir auch die Spurenelemente Zink, Phosphor und Kupfer, alles was unser **Gehirn** zur aktiven Arbeit braucht. Daher ist Vollkornbrot wichtig für Kinder.
○ Die Brotsäure-Bakterien im Vollkornbrot, das mit Sauerteig zubereitet wurde, fördern den Aufbau der **Darmflora** und stärken die **Immunkraft**.

○ Roggenbrot liefert interessante Mengen am Spurenelement Selen für die **Immunkraft**. Besonders wichtig aber sind die Bioaktivstoffe mit Namen Lignane. Sie senken in **Magen** und **Darm** das **Krebs**risiko.
○ Brotrinde enthält Melanoidine, die unsere Gesundheit fördern und uns jung halten. Voraussetzung: Das Brot wird bei Temperaturen von 150 bis 180 °C sanft gebräunt. Die Melanoidine helfen, **Gifte** und **Umweltschadstoffe** abzubauen. Auch **Viren**, **Bakterien** und **Pilze** werden schneller ausgeschieden. Besonders aktiv ist die Substanz Pronyl-Lysin, die vor allem beim Toasten von Brot entsteht. Sie besiegt hochaggressive Schadstoffe im Körper.

Die wichtigsten Inhaltsstoffe und Anwendungsbereiche

Vitamine	B_1, B_6
Mineralstoffe	Magnesium, Phosphor
Spurenelemente	Eisen, Zink, Kupfer, Selen
Sonstige	Lignane, Melanoidine
Nervensystem, Geist, Gemüt	Bei geistiger Anstrengung und Stress
Verdauungssystem	Aufbau der Darmflora, schnelle Ausscheidung von Viren, Bakterien und Pilze
Immunsystem	Senkung des Magen- und Darmkrebsrisikos
Nährwerte pro 100 g **Roggenvollkornbrot**	Energie 193 kcal/808 kJ · Kohlenhydrate 38,8 g · Eiweiß 6,8 g · Fett 1,2 g · Ballaststoffe 8,1 g

Tagesplan

MORGENS   2 Tassen Melissentee mit 2 TL Zuckerrübensirup. 2 Scheiben Roggenknäcke mit etwas Butter bestreichen. 1 Scheibe mit 20 g Geflügelwurst und ein paar Zwiebelringen, 1 Scheibe mit 30 g Hartkäse belegen.

VORMITTAGS   1 Scheibe Vollkornknäcke knabbern.

MITTAGS   2 Scheiben Vollkorntoast toasten und mit etwas Butter bestreichen. 1 Toastscheibe mit 1 Blatt Salat, 2 dünnen Scheiben Putenbrust, 1 Gurken- und 1 Tomatenscheibe belegen. Etwas Ketchup darauf geben und die andere Toastscheibe darauf legen. Dazu 1 kleinen Blattsalat mit Essig-Öl-Dressing.

Zum Mitnehmen für Berufstätige
1/2 Gewürzgurke in kleine Würfel hacken, mit 1 Messerspitze Kräutersenf und 40 g Schmelzkäse verrühren, damit 2 dünne Scheiben Roggenvollkornbrot bestreichen. 100 bis 150 g Schweinebraten (in Scheiben) auf eine Scheibe Brot legen, die zweite Scheibe darauflegen.

Das Abendrezept

NACHMITTAGS   1 kleine Scheibe Pumpernickel mit einem leichten Frischkäse bestreichen.

ABENDS   100 g leichten Schnittkäse und 1 rote Paprika in Streifen schneiden. 1 Zwiebel schälen und in halbe Ringe schneiden. Alles mischen und mit Öl, Essig, Salz und Pfeffer würzen. Etwas gehackte Petersilie untermischen und mit 1 Scheibe Vollkornbrot servieren.

Spezialtipps

○ Achten Sie beim Einkauf auf Vollkornbrot mit selbst angesetztem Natursauerteig. Das ist gesund und macht auch garantiert keine Bauchschmerzen! Fragen Sie am besten bei Ihrem Bäcker nach, ob er seinen Sauerteig noch selbst ansetzt oder zu Fertigbackmischungen greift.

○ Vollkornbrot immer erst einen Tag, nachdem es gebacken wurde, essen, dann hat es ausreichend nachgegärt. In der Regel verkaufen Bäcker ihre Vollkornbrote immer erst einen Tag später. Fragen Sie beim nächsten Einkauf aber einfach nach, so gehen Sie auf Nummer sicher. Das gesündeste Vollkornbrot ist Roggenvollkornbrot, denn Roggen enthält die meisten B-Vitamine, Ballaststoffe und dazu noch bioaktive Stoffe, die vor Krebs schützen können.

○ Der Pumpernickel ist ein Highlight unter den Roggenvollkornbroten. Er wird aus Schrot hergestellt und dadurch gehen keine Inhaltsstoffe aus dem gesunden Roggenkorn bei der Herstellung verloren.

○ Wer Vollkornbrot nicht mag, kann auch zum Roggen- und Roggenmischbrot greifen, denn das ist gesünder als Weizen- und Weizenmischbrot.

Chicoree

hilft uns beim Verdauen

Der Chicoree ist vielleicht nicht jedermanns Freund aufgrund seines etwas bitteren Geschmacks. Jedoch gerade diese Bitterstoffe sind sehr wertvoll für unsere Gesundheit. Sie besitzen ein großes Wirkspektrum.

○ Die Wirkung von Bitterstoffen auf den Verdauungstrakt hat man immer schon gekannt. So entstanden die vielen Magenbitter-Kräuterschnäpse, die nach einer reichhaltigen und fettreichen Mahlzeit gegen das **Völlegefühl** Erleichterung schafften.

○ Sie wirken wie ein Schleimhaut-Training. Die Schleimhäute ziehen sich durch den bitteren Geschmack zuerst zusammen und dehnen sich dann wieder aus. Dabei werden **Gifte**, **Stoffwechselschlacken**, **Bakterien**, **Viren** sowie **Pilze** leichter abtransportiert und ausgeschieden.

○ Bitterstoffe steigern die Magensaftproduktion und kräftigen die Magen- und Darmschleimhäute. Sie fördern den gesunden Appetit und regulieren eine gestörte **Verdauung**.

○ Bitterstoffe haben eine stark basische Wirkung. Sie bewirken eine Entsäuerung des heutzutage fast immer übersäuerten Organismus und stellen so das **Säure-Basen-Gleichgewicht** wieder her.

○ Bitterstoffe geben aber auch Kraft. Sie können bei **Erschöpfung** helfen. Man fühlt sich schneller wieder fit. So lassen sich kleine Schwächezustände wieder ausgleichen.

○ Bitterstoffe helfen, das natürliche **Abwehrsystem** im Körper zu stärken.

○ Dem Inhaltsstoff Beta-Carotin werden durch seine antioxidativen Eigenschaften vorbeugende Wirkungen gegen **Herz–Kreislauf**- und **Krebs**erkrankungen bescheinigt.

Die wichtigsten Inhaltsstoffe und Anwendungsbereiche

Vitamine	Folsäure, C, Pantothensäure
Mineralstoffe	Kalium
Bitterstoffe	Intybin
Verdauungssystem	Bei Völlegefühl, zur Entschlackung, Regulation der Verdauung, zur Regulation des Säuren-Basen-Gleichgewichts
Herz und Kreislauf	Bei Erschöpfungszuständen
Immunsystem	Stärkung der Immunabwehr
Nährwerte pro 100 g	Energie 16 kcal/68 kJ · Kohlenhydrate 2,3 g · Eiweiß 1,3 g · Fett 0,2 g · Ballaststoffe 1,3 g

Tagesplan

MORGENS 2 Tassen grüner Tee mit etwas Honig. 2 Chicoreeblätter mit fertig gekauftem Krabbencocktail füllen, dazu 2 Scheiben Vollkorntoast und 1 Glas frisch gepressten Orangensaft.

VORMITTAGS 1 bis 2 Blätter Chicoree zusammen mit einigen Käsewürfeln knabbern.

MITTAGS Von 2 Chicoree den Strunk entfernen und den Chicoree in Salzwasser etwa 10 Minuten garen. Inzwischen Mehl in etwas Butter anschwitzen und 200 ml Milch einrühren. 40 g geriebenen Parmesan darunter rühren. Den Chicoree in eine Auflaufform geben und die Sauce darüber geben. Mit wenig geriebenem Parmesan bestreuen und im Backofen bei 200 °C etwa 20 Minuten backen. Dazu passen Salzkartoffeln.

Zum Mitnehmen für Berufstätige
Von 1 Chicoree den Strunk entfernen und die Blätter quer in Streifen schneiden. 1 bis 2 Mandarinen schälen, zerteilen und mit dem Salat mischen. 2 EL gehackte Walnüsse darauf streuen. Mit folgendem Dressing mischen: 3 EL Naturjoghurt mit Zitronensaft verrühren und mit Salz und Pfeffer würzen.

NACHMITTAGS 1 bis 2 Blätter Chicoree mit etwas Krabbencocktail oder Geflügelsalat.

ABENDS 1 Chicoree halbieren und den Strunk entfernen. In einer Pfanne mit heißem Olivenöl von allen Seiten braten. 2 Tomaten entkernen, in Stücke schneiden und hinzugeben. 50 g Fetakäse würfeln und ebenfalls etwas mitbraten. Mit Salz und Pfeffer würzen und mit 2 bis 3 Scheiben Vollkornbaguette servieren.

Spezialtipps
○ Achten Sie beim Einkauf darauf, dass die Stauden fest, hell und geschlossen sind.
○ Chicoree bewahren Sie am besten in feuchtem Papier eingewickelt im Gemüsefach Ihres Kühlschranks auf.

Das Abendrezept

hilft uns beim Verdauen

Datteln
geben uns Energie

Die Früchte wachsen an Palmen, die bis zu 30 Meter hoch werden und bis zu 1000 Kilo Datteln im Jahr liefern. Aus vielen arabischen Ländern werden sie zu uns exportiert. In Europa wissen jedoch nur wenige, dass man mit Datteln Beschwerden und Krankheiten vorbeugen und erfolgreich behandeln kann.

○ Die in Datteln enthaltenen Kohlenhydrate geben unseren Nerven und dem Gehirn lang anhaltende **Energie**. Ein arabisches Sprichwort sagt: „Mit 15 Datteln hat ein Mann den ganzen Tag Kraft."

○ Datteln enthalten außer E und Biotin alle Vitamine und besonders viel Pantothensäure (Vitamin B_5), bekannt als **Fitness**nährstoff.

○ Datteln liefern viel Calcium für unsere **Knochen** und Kalium für **Herz** und **Muskeln**.

○ Datteln fördern aber auch das **Einschlafen**, weil sie uns mit der Aminosäure Tryptophan versorgen, aus der unser Gehirn das Glücks- und Ruhehormon Serotonin und das Schlafhormon Melatonin produziert.

○ Datteln sind besonders reich an Eisen, das der Körper für die **Blutbildung** benötigt.

○ Die süßen Früchte sind ballaststoffreich und fördern damit die **Verdauung**.

○ Der hohe Nährwert der Datteln sowie ihr beträchtlicher Anteil an leicht verdaulichem Zucker und Eiweiß machen diese Frucht zu einem optimalen Lebensmittel für Menschen, die **zunehmen** oder sich nach einer kräftezehrenden Krankheit **erholen** müssen.

○ Der reiche Gehalt an Kalium lässt die Dattel zum Herzsschutz werden: Er senkt den **Blutdruck** und kann sich positiv auf **Herzrhythmusstörungen** auswirken.

Die wichtigsten Inhaltsstoffe und Anwendungsbereiche

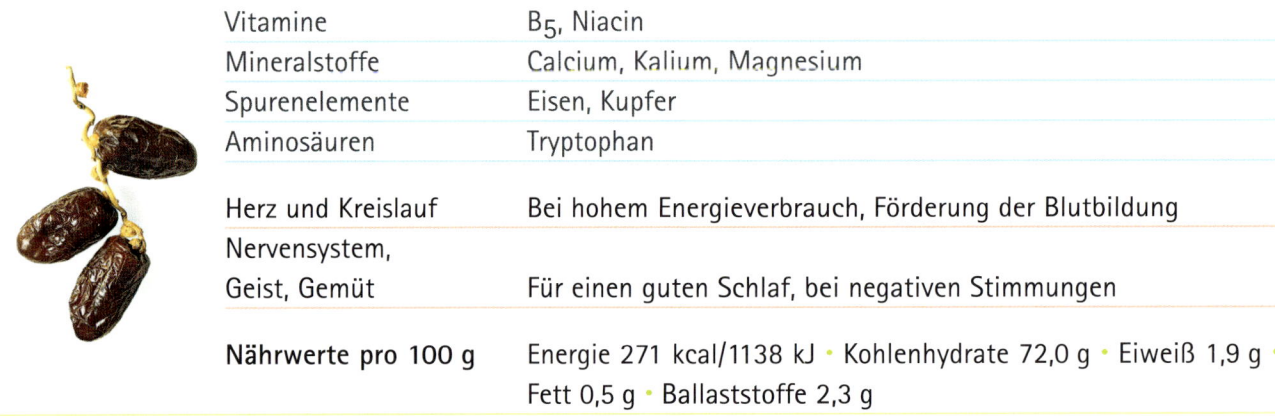

Vitamine	B_5, Niacin
Mineralstoffe	Calcium, Kalium, Magnesium
Spurenelemente	Eisen, Kupfer
Aminosäuren	Tryptophan
Herz und Kreislauf	Bei hohem Energieverbrauch, Förderung der Blutbildung
Nervensystem, Geist, Gemüt	Für einen guten Schlaf, bei negativen Stimmungen
Nährwerte pro 100 g	Energie 271 kcal/1138 kJ · Kohlenhydrate 72,0 g · Eiweiß 1,9 g · Fett 0,5 g · Ballaststoffe 2,3 g

Tagesplan

Morgens 2 Tassen Kaffee oder Schwarztee mit wenig Zucker. 3 Datteln kleinhacken und mit 60 g Magerquark verrühren. Auf 1 Scheibe Vollkornbrot streichen.

Vormittags 2 bis 3 getrocknete Datteln gut kauen und lange im Mund belassen.

Mittags Beduinen-Speise: 1 Tasse Hirse waschen, abtropfen lassen, mit 1 TL Olivenöl in einem Topf anrösten. 7 Datteln entkernen, kleinschneiden und dazugeben. $1/2$ Apfel schälen, entkernen, in kleine Stücke schneiden und untermischen. Mit 3 Tassen Wasser auffüllen und zum Kochen bringen. Herdplatte abschalten, den Topf zudecken und das Ganze 20 Minuten quellen lassen. Warm servieren.

Zum Mitnehmen für Berufstätige
3 EL Haferflocken und 1 EL Hirseflocken, 3 entkernte, kleingehackte Datteln, 1 EL Honig, 1 EL gehackte Walnüsse, $1/2$ Banane in Scheiben und 4 geviertelte Erdbeeren mischen. Buttermilch oder Joghurt unterheben, 1 Stunde stehen lassen und dann genießen. Dazu 1 Glas Ananassaft.

Nachmittags $1/2$ Banane sowie 2 Datteln, dazu ein Glas Buttermilch.

Abends 5 Datteln entkernen, jeweils mit $1/2$ Walnusskern füllen. Jede Frucht mit einer hauchdünnen Scheibe Speck umwickeln und mit einem Spießchen festigen. Mit etwas Rapsöl bestreichen und anschließend grillen. Dazu 1 Dessertschale mit Rote-Bete-Salat (fertig aus

Das Abendrezept

dem Glas). Zum Nachtisch 1 entkernte und mit einem Stück Marzipan gefüllte Dattel.

Spezialtipps
○ Datteln eignen sich bestens zum Süßen von Obstsalat und Müsli. Dafür hackt man die Datteln klein.
○ Essen Sie aber nicht zu viele Datteln: 100 g haben rund 300 kcal.
○ Frische Datteln sollten Sie unbedingt im Kühlschrank aufbewahren und innerhalb weniger Tage verbrauchen.

geben uns Energie

Eier

enthalten viele Vitalstoffe

Man hat uns jahrzehntelang gesagt, dass das Ei eine Cholesterinbombe ist und unsere Gesundheit gefährdet. Vor einigen Jahren wurde aber das Ei von dieser Schuld freigesprochen. Das Ei ist rehabilitiert!

○ 140 Studien an mehr als 3.000 Teilnehmern in 7 Ländern haben ergeben: Durch den Genuss von cholesterinhaltigen Nahrungsmitteln kommt es zu keinem nennenswerten Anstieg des **Cholesterinspiegels** im Blut. Und umgekehrt wurde bewiesen: Wenn jemand auf cholesterinhaltige Produkte verzichtet, verbessert sich der Cholesterinspiegel auch nicht nennenswert. Es wurde kein Beweis dafür festgestellt, dass ein Zusammenhang zwischen dem Eierkonsum und den in unseren Breiten häufigen Herzerkrankungen besteht. Die wahren Schuldigen sind die tierischen Fette und der Zucker.

○ Das Ei muss man als eine besonders wertvolle Nährstoffquelle bezeichnen. Als Keimzelle für neues Leben ist es besonders reich an Vitaminen, Mineralstoffen und Spurenelementen. Es ist **leicht verdaulich** und daher speziell für ältere Menschen und für Kinder ein wichtiger Lieferant für viele **Vitalstoffe**.

○ Außerdem liefern Eier den Fettstoff Lecithin fürs **Gehirn**. Dieser Stoff sorgt übrigens dafür, dass das Cholesterin im Ei in Schach gehalten wird. Lecithin senkt die Aufnahme des Ei-**Cholesterins** im Darm. Das nicht aufgenommene Cholesterin wird wieder ausgeschieden.

○ Patienten mit einem sehr hohen Cholesterinspiegel sollten allerdings die Menge der Eier mit dem Arzt besprechen. Ein gesunder Mensch hingegen kann bedenkenlos 3 bis 5 Eier die Woche essen.

Die wichtigsten Inhaltsstoffe und Anwendungsbereiche

Vitamine	A, B_2, B_{12}, D, Folsäure, Pantothensäure
Mineralstoffe	Kalium
Spurenelemente	Eisen, Phosphor, Zink
Sonstige	Lecithin
Verdauungssystem	Für ältere Menschen und Kinder, da leicht verdaulich und vitalstoffreich
Haut, Haare, Nägel	Bei glanzlosem Haar
Nährwerte pro 100 g	Energie 75 kcal/315 kJ · Kohlenhydrate 0,6 g · Eiweiß 7,0 g · Fett 0,6 g · Ballaststoffe 0,0 g

Tagesplan

MORGENS   2 Tassen grüner Tee, ungesüßt. Dazu 2 Scheiben Toastbrot mit ganz wenig Butter. 100 g tiefgekühlte Garnelen im Beutel 20 Minuten in warmem Wasser auftauen, feingehackten Dill mit 1 rohen Ei, etwas Salz, mildem Paprikapulver und einem Hauch Muskat verrühren. In eine Pfanne mit etwas heißer Butter geben, die Eimasse unter Rühren fest werden lassen, zuletzt die Garnelen untermischen. Das Garnelenrührei auf dem Brot verteilen.

VORMITTAGS   1 hart gekochtes Ei mit 1 dünn mit Butter bestrichenen Scheibe Knäckebrot.

MITTAGS   Etwas Butter in einem Topf erhitzen, 2 bis 3 TL Mehl darin anschwitzen und mit $1/8$ l Fleischbrühe ablöschen. 1 bis 2 EL Senf unterrühren und mit Salz und Pfeffer würzen. Die Sauce leicht köcheln lassen. 2 Eier hart kochen, abschrecken, schälen, kleinschneiden und in die Sauce geben. Dazu passen Salzkartoffeln und ein grüner Salat.

Zum Mitnehmen für Berufstätige

2 Scheiben Vollkorntoastbrot mit Ketchup bestreichen und mit je 4 knackigen Salatblättern belegen. Gekochte oder gebratene Hühnerbrust (Aufschnitt) in Streifen schneiden und darauf legen. Mit 1 hart gekochten Ei garnieren. Dazu 1 Glas Tomatensaft.

NACHMITTAGS   1 hart gekochtes Ei.

ABENDS   Polnischer Rühreisalat: 2 Eier aufschlagen und in einer Tasse verrühren. In einer

Das Frühstücksrezept

heißen Pfanne mit etwas Butter ein Rührei zubereiten. Die Rühreimasse auf ein Brett geben, lauwarm in Streifen schneiden, mit kleingehackter Zwiebel, Pfeffer, Salz, Zitronensaft und Rapsöl als Salat anrichten, dazu eventuell 1 dünne Scheibe Roggenbrot.

Spezialtipps

○ Kontrollieren Sie, ob die Eier, die Sie gekauft haben, frisch sind. Legen Sie das Ei in ein Glas mit Wasser, in dem Sie 1 EL Salz aufgelöst haben. Sinkt das Ei zu Boden, ist es okay, schwimmt es, dann ist es alt.

○ Verwenden Sie ausschließlich heimische Frischeier mit Gütesiegel und Stempel.

○ Hier noch ein kleiner Schönheitstipp für glänzendes Haar: Verrühren Sie 1 Ei, 1 TL Honig sowie 2 TL Sesamöl mehrere Minuten lang mit einem Schneebesen. Verteilen Sie diese Mischung auf Ihr Haar und massieren Sie sie in die Haarspitzen ein. Nach 30 Minuten Einwirkzeit die Haare waschen und spülen.

erthalten viele Vitalstoffe

57

Feige

macht klug und fit

Diese sinnlichen Früchte sind kleine Energiebomben aus dem Orient. Aber auch bei uns gedeihen die Früchte in warmen Gegenden.

○ Feigen versorgen uns mit vielen hochwirksamen Substanzen: Sie enthalten **verdauungsfördernde** Enzyme, **bakterientötende** Bioaktivstoffe, Ballaststoffe zum Senken zu **hoher Cholesterinwerte** sowie 14 Mineralstoffe.

○ Frische Feigen helfen beim **Abnehmen**. Sie haben zwar einen niedrigen Brennwert, sättigen aber enorm.

○ Die B-Vitamine sowie Glukose und Fruktose stärken die **Nerven** und aktivieren die Arbeit des **Gehirns**. Feigen halten somit geistig fit.

○ Frische und getrocknete Feigen fördern mit ihren Ballaststoffen die **Verdauung**, sind ein idealer Genuss gegen **Verstopfung**. Dabei helfen die vielen kleinen Samenkörner in den Früchten.

○ Feigen besitzen unter allen Früchten die höchsten basischen Werte. Sie helfen daher gegen die **Übersäuerung** des Organismus. Wer viel Fleisch, viel Zucker, wenig Gemüse und Obst isst und obendrein viel Stress hat, sollte jeden Tag 3 frische Feigen essen.

○ Feigen zaubern sehr schnell **Müdigkeit** und **Antriebslosigkeit** weg – sind also der optimale Pausensnack.

○ Mit Feigen wird man leistungsstark. Die Spurenelemente Mangan und Zink heben die Laune, verbessern die **Stimmungslage.**

○ Da Feigen außer Zink noch Molybdän enthalten, geben Sie auch in Sachen **Liebe** viel Kraft. Wer frische Feigen genießt, hat mehr **Lust** an der Liebe und mehr Power für **Sex**.

Die wichtigsten Inhaltsstoffe und Anwendungsbereiche

Vitamine	B$_1$, B$_2$, B$_6$, Pantothensäure
Mineralstoffe	Kalium, Magnesium
Spurenelemente	Mangan, Molybdän, Zink
Herz und Kreislauf	Senkung hoher Cholesterinwerte
Nervensystem, Geist, Gemüt	Stärkung der Nerven, gegen Müdigkeit und Antriebslosigkeit
Verdauungssystem	Gegen Übersäuerung
Liebesleben	Erhöhung der Liebeslust
Nährwerte pro 100 g	Energie 74 kcal/311 kJ · Kohlenhydrate 19,0 g · Eiweiß 0,8 g · Fett 0,4 g · Ballaststoffe 3,3 g

Tagesplan

MORGENS 2 Tassen Mate- oder Kräutertee oder 1 Tasse Kaffee, ungesüßt. 2 Scheiben Vollkorntoast mit Feigenmus (1 zerdrückte Feige), dazu 1 Becher Joghurt.

VORMITTAGS 1 frische Feige.

MITTAGS 2 Feigen entstielen, kreuzweise einschneiden und etwas auseinander drücken. 2 TL gehackte Mandeln und 1 bis 2 TL braunen Zucker mischen und in die Feigen füllen. Alles unter dem Backofengrill etwa 5 Minuten garen. 50 g Ricotta mit etwas Honig verrühren und dazu servieren.

Zum Mitnehmen für Berufstätige
4 getrocknete Feigen, 1 Banane, 1 Orange und 1 Apfel in kleine Stücke schneiden, mit 2 EL Honig süßen und mit dem Saft ½ Zitrone vermischen. Mit 1 EL Pinienkernen bestreuen und etwas süße Sahne darüber gießen.

NACHMITTAGS 2 getrocknete Feigen, gut kauen.

ABENDS 2 Scheiben Parmaschinken dünn mit Ziegenfrischkäse bestreichen und in 8 schmale Streifen schneiden. 4 getrocknete Feigen halbieren. Jeweils eine Hälfte mit einem Streifen Parmaschinken umwickeln. Dazu 2 dicke Scheiben Vollkornbaguette servieren.

Spezialtipps
○ Reife Feigen schmecken am besten frisch. Im Kühlschrank halten sie sich bis zu drei Tagen.
○ Für den Verzehr sollten die Feigen Zimmertemperatur haben, dann ist ihr Aroma am besten.

Das Mittagsrezept

macht klug und fit

Fleisch

Futter für unsere Muskeln

Fleisch spielt bei unserer Ernährung eine große Rolle. Es ist etwas in Verruf geraten durch die vielen Skandale, die immer wieder ans Tageslicht kommen. Es kommt jedoch auf die Menge und auf die Qualität des Fleisches an.

○ Fleisch versorgt uns mit wertvollem Eiweiß für unsere **Muskeln** und als Schutzwaffe gegen den täglichen **Stress**.

○ Das lebenswichtige Vitamin B_{12} und das Spurenelement Eisen sorgen für **Vitalität** und **Leistungskraft**.

○ Rindfleisch ist ein wertvoller Lieferant für Selen. An der Stanford Universität in Kalifornien hat man nachgewiesen, dass ein Stück Rindfleisch dadurch das Risiko für **Prostatakrebs** beim Mann senkt.

○ Ein Steak kann aber auch neue Impulse in das Sexualleben eines Paares bringen. Mit 225 g wird man mit der notwendigen Tagsdosis des Spurenelementes Zink versorgt. Daher kann ein Steak mithelfen, dass die **Spermiendichte** und der **Testosteron-Hormon-Spiegel** des Mannes wieder zunehmen.

○ Japanische Wissenschaftler haben entdeckt, dass es sehr wichtig wäre, zum Steak ein Glas Bier zu trinken. Die Wirkstoffe im Bier entschärfen und neutralisieren Schadstoffe, die beim Braten des Steaks an der Fleischoberfläche entstehen. Ganz besonders wirksam ist alkoholfreies Bier. Man kann diese Schadstoffe aber auch abbauen, wenn man das Steak vor dem Braten mit Salbei oder mit Oregano einreibt.

○ Das Besondere am Lammfleisch ist die Orotsäure. Sie hält unsere Zellen jung und ist eine **Anti-Aging-Substanz**, denn sie kann das Leben der Körperzellen verlängern.

Die wichtigsten Inhaltsstoffe und Anwendungsbereiche

Vitamine	B_{12}, Nicotinsäure
Mineralstoffe	Kalium, Phosphor
Spurenelemente	Eisen, Zink, Selen
Sonstige	Orotsäure
Herz und Kreislauf	Gibt Vitalität und Leistungskraft
Immunsystem	Senkt Risiko für Prostatakrebs
Liebesleben	Anhebung des Testosteronspiegels, Erhöhung der Spermiendichte
Nährwerte pro 100 g **Lammkeule**	Energie 234 kcal/979 kJ · Kohlenhydrate 0,0 g · Eiweiß 18,0 g · Fett 18,0 g · Ballaststoffe 0,0 g

Tagesplan

MORGENS 2 Tassen Matetee mit ganz wenig Zucker. 2 Scheiben Vollkornbrot dünn mit Sauce Tartar (Fertigprodukt) oder Senf bestreichen, mit je 50 g Roastbeef belegen. Dazu 1 rote und 1 gelbe in Streifen geschnittene Paprikaschote und 1 Glas Orangensaft.

VORMITTAGS 1 Scheibe Roastbeef, dazu 1 Gewürzgurke.

MITTAGS 180 g ausgelöstes Lammfilet mit einem scharfen Messer einritzen. In jede Spalte 1/2 Knoblauchzehe stecken. Dann salzen und mit Olivenöl bepinseln. Eine Hand voll kleingehackter Kräuter – Basilikum, Thymian, Bohnenkraut – darüber streuen, festdrücken, pfeffern, dann grillen oder braten. Dazu 1 Kopfsalat mit Marinade aus etwas Wasser, Zitronensaft, Olivenöl und wenig Honig.

Zum Mitnehmen für Berufstätige

2 Scheiben Vollkornbrot mit Senf bestreichen, zwischen die beiden Brote 2 dicke Scheiben Roastbeef – insgesamt 100 bis 120 g – legen, etwas pfeffern und mit geriebenem Meerrettich bestreuen. Dazu 1 grüne, in Streifen geschnittene Paprikaschote.

NACHMITTAGS 1 Scheibe Rinderbraten mit etwas Meerrettich.

ABENDS 200 g Rindersteak einen Tag in Sesamöl und Sonnenblumenöl (50:50) und 1/2 roten Chilischote marinieren. Abtupfen und beidseitig 3 bis 4 Minuten in Sonnenblumenöl braten.

1 Kiwi in Scheiben schneiden, dann kurz in folgender Sauce erhitzen: 20 g Butter mit 1 EL Rohrohrzucker, 1 Prise Salz und 1 Messerspitze Ingwer karamellisieren, mit 1/4 l Orangensaft aufgießen. Das Steak mit Kiwi und Sauce servieren. Dazu eventuell 1 bis 2 Pellkartoffeln.

Spezialtipps

○ Fleischkauf ist Vertrauenssache. Es muss das Fleisch von Jungtieren sein. Nur dann ist es auf dem Teller saftig und zart.
○ Kaufen Sie nur frisches und mageres Lammfleisch. Der kostbare Jungbrunnen Orotsäure befindet sich im Fleisch und nicht im Fett.
○ Qualitativ gutes Lammfleisch erkennt man an der matt hell- bis ziegelroten Farbe, es ist wenig mit Fett durchwachsen. Gelbes Fett ist der Beweis für ein altes Tier.

Das Mitnehmrezept

Gurke

Gurken bestehen zu 95 Prozent aus Wasser. Wer zu wenig trinkt, der kann mit Gurkenessen einiges aufholen.

○ Gurken enthalten reichlich Vitamine, Mineralstoffe, Enzyme und Spurenelemente. All diese Vitalstoffe sind optimal in der Gurkenflüssigkeit gelöst und werden daher vom Organismus rasch aufgenommen. Auf diese Weise nimmt sie es mit jedem **Sportler**drink auf. Gurken sind damit auch eine ideale Sommerernährung, denn sie gleichen die durch Schwitzen verloren gegangenen Mineralien auf eine gleichzeitig noch erfrischende Weise wieder aus.

○ Das wichtigste Enzym in der Gurke ist das Erepsin. Es bewirkt, dass die **Eiweißverdauung** verbessert wird. Essen Sie daher zu einem Fleischgericht einen Gurkensalat oder rohe Gurkenscheiben.

○ Gurken entwässern und entlasten somit das **Herz**. **Nieren** und **Blase** werden gestärkt und das **Bindegewebe** gefestigt. So helfen Gurken auch, gerade im Sommer geschwollenen Beinen entgegenzuwirken.

○ Außerdem können Erkrankungen wie **Rheuma** und **Gicht** durch die harntreibende Wirkung positiv beeinflusst werden.

○ Und wer kennt nicht die berühmten Gurkenscheiben im Gesicht? Gurkensaft enthält einen Wirkstoff, der die Durchblutung der Haut fördert, und somit wird die **Faltenbildung** gebremst und die **Haut** bekommt einen frischeren Teint.

○ Bei **Sonnenbrand** wirken Gurkenscheiben kühlend und schmerzlindernd.

Die wichtigsten Inhaltsstoffe und Anwendungsbereiche

Vitamine	C, Folsäure
Mineralstoffe	Kalium
Enzyme	Erepsin
Verdauungssystem	Verbesserung der Eiweißverdauung
Herz und Kreislauf	Entlastung des Herzens durch Entwässerung
Nieren und Blase	Stärkung der Organe
Haut, Haar und Nägel	Verlangsamung der Faltenbildung
Nährwerte pro 100 g	Energie 13 kcal/55 kJ · Kohlenhydrate 2,9 g · Eiweiß 0,5 g · Fett 0,1 g · Ballaststoffe 0,7 g

Tagesplan

MORGENS 2 Tassen grüner Tee – alternativ auch Kräutertee – mit etwas Honig. 2 Scheiben Vollkornbrot mit etwas Butter bestreichen, mit Gurkenscheiben belegen und etwas salzen. Dazu 1 gekochtes Ei und 1 Glas frisch gepressten Orangensaft.

VORMITTAGS ½ Gurke in Scheiben schneiden und knabbern.

MITTAGS 150 g Salatgurke schälen und grob raspeln, 250 g Kefir und ½ zerdrückte Knoblauchzehe dazugeben. Mit Salz, Pfeffer, etwas Zucker und Zitronensaft abschmecken, gehackten Dill unterrühren.

Zum Mitnehmen für Berufstätige
¼ gewürfelte Gurke, 1 gewürfelte rote Paprika, 2 kleingeschnittene Tomaten, 50 g gewürfelter Fetakäse, 1 kleine gewürfelte Zwiebel und einige schwarze Oliven mischen und mit einem Dressing aus Olivenöl, Zitronensaft, Oregano, Salz und Pfeffer anmachen. Dazu passt ein Stück Fladenbrot.

NACHMITTAGS ½ Gurke in Scheiben schneiden und knabbern.

ABENDS 1 kleine Gurke schälen und in dünne Scheiben schneiden. Ein Dressing aus 2 EL Olivenöl, 1 EL Essig, 2 EL Sahne, 1 EL gehacktem Dill, 1 kleinen gehackten Zwiebel, Salz und Pfeffer herstellen und unter die Gurkenscheiben mischen. Dazu 1 Scheibe Vollkornbrot, dünn mit Butter bestrichen.

Das Frühstücksrezept

Spezialtipps
○ Frische und gute Qualität können Sie beim Einkauf daran erkennen, dass die Gurken eine dunkelgrüne Farbe haben und das Fruchtfleisch auch an den Enden schön fest ist.
○ Es gibt auch eine Miniform der Salatgurke. Sie ist etwa 15 cm lang und hat einen sehr aromatischen Geschmack.

für die schlanke Linie

Haferflocken

Hafer ist ein besonders wertvolles Getreide, weil es von allen Körnern die meiste Energie spendet. Darüber hinaus besitzt es noch viele weitere gesundheitliche Vorzüge.

○ Die Kohlenhydrate des Hafers – speziell gekoppelt mit den Ballaststoffen – sorgen für einen gleichmäßigen **Blutzuckerspiegel**.

○ Durch den Hafer wird die Arbeit der Bauchspeicheldrüse gefördert. **Diabetiker** können ihre Lebensqualität somit durch den regelmäßigen Genuss eines Haferflockenmüslis verbessern.

○ Haferflocken aktivieren den Botenstoff Dopamin, eine Vorstufe des **Gute-Laune**-Hormons Serotonin.

○ Die Beta-Glukane der Haferflocken können helfen, einen zu hohen **Cholesterinspiegel** zu senken.

○ Hafer verfügt über Eiweiß von besonderer biologischer Wertigkeit. Es liefert acht lebens-

wichtige Aminosäuren. Mit Milch kombiniert ist das Eiweißangebot perfekt.

○ Das Angebot an gesunden ungesättigten Fettsäuren für **Herz** und **Kreislauf** ist groß.

○ Hafer ist reich an Calcium, Eisen, Mangan, Silicium und fast allen B-Vitaminen, besonders an Folsäure und B_1. Wichtig für die **geistige Fitness**.

○ Hafer hat große Mengen an Pantothensäure als **Stress**schutz und versorgt uns mit dem Spurenelement Zink, das eine entscheidende Rolle am Aufbau der **Immunkraft** hat.

Die wichtigsten Inhaltsstoffe und Anwendungsbereiche

Vitamine	B_1, Folsäure, Pantothensäure
Mineralstoffe	Calcium
Spurenelemente	Eisen, Mangan, Silicium, Zink
Sonstige	Beta-Glukane
Hormonsystem	Bringt Blutzuckerspiegel ins Gleichgewicht
Herz und Kreislauf	Senkung hoher Cholesterinwerte
Immunsystem	Erhöht die Immunkraft und ist gut in Stresssituationen
Nährwerte pro 100 g	Energie 352 kcal/1.472 kJ · Kohlenhydrate 58,7 g · Eiweiß 13,5 g · Fett 7,0 g · Ballaststoffe 9,0 g

Tagesplan

MORGENS 2 Tassen Pfefferminztee mit 2 TL Honig. 2 bis 3 EL Haferflocken mit 1 TL Zucker oder Honig und 1 TL Kakaopulver mischen, 1 Tasse heiße Milch darüber gießen und gut umrühren.

VORMITTAGS Mischen Sie 5 EL kernige Haferflocken, 1 EL Walnüsse, 1 EL Haselnüsse und 1 EL Rosinen. Knabbern Sie davon die Hälfte.

MITTAGS 1/2 Zwiebel schälen, würfeln und in etwas Fett glasig dünsten. 80 g Haferflocken sowie 150 ml Gemüsebrühe dazugeben. So lange köcheln, bis ein Brei entsteht. Mit Salz, Pfeffer, Paprikapulver würzen und 1 EL Schnittlauchröllchen unterrühren. Den Brei etwas ziehen lassen. Anschließend Bratlinge daraus formen und diese von beiden Seiten braten. Dazu passt ein Blattsalat.

Zum Mitnehmen für Berufstätige

3 bis 4 EL Haferflocken, 2 EL Hirseflocken, 1 EL Sonnenblumenkerne, 2 TL Sesam, 1 EL Rosinen mischen und in einer Frischhaltebox mitnehmen. Vor dem Genießen frisches Obst kleinschneiden und zusammen mit 1 Becher Naturjoghurt und etwas Honig untermengen.

NACHMITTAGS Genießen Sie die zweite Hälfte des Studentenfutters vom Vormittag.

ABENDS 50 g zarte Haferflocken unter ständigem Rühren nur 2 Minuten in 1/4 l Milch aufkochen lassen. Mit Honig süßen. Obst nach Wahl unter den Haferbrei mischen.

Das Mittagsrezept

Spezialtipps

○ Wählen Sie bevorzugt Vollkornhaferflocken. Es gibt die zarten und die kernigen Sorten.
○ Wer einen sehr sensiblen Magen hat, sollte die Vollkornflocken fürs Frühstück schon am Vorabend in etwas Mineralwasser einweichen und zugedeckt in den Kühlschrank stellen. Das Müsli ist dann besser verdaulich.

Hirse

macht uns fröhlich und schön

Mit Hirse holen Sie sich den Sonnenschein auf den Tisch. Besonders an tristen Regen- und Wintertagen sollten Sie Hirse in den Speiseplan einbauen.

○ Hirse ist wichtig für die körperliche Energie: Sie liefert hochwertiges Pflanzeneiweiß, die Vitamine B_1, B_2, B_6 und Pantothensäure. Und sie versorgt uns mit **Eisen**. Das ist besonders für **Vegetarier** wichtig. Die ideale Kombination für die Eisenaufnahme: Hirse mit Kiwis, Hirse mit Blumenkohl, Hirse mit Paprikaschoten.

○ Hirse baut auch **seelische Energie** in uns auf. Sie enthält Zink für gute **Laune**. Und sie speichert Sonnenenergie und gibt diese als Kraft-Potential an unsere Hormone ab. Schon im Mittelalter nannte man deshalb die Hirse „das fröhliche Getreide".

○ Dieses leicht verdauliche Getreide versorgt uns optimal mit Kieselsäure – auch Silicium genannt – und stärkt daher **Haut, Haare** und **Nägel**. Vor allem der natürliche Säureschutz-

mantel unserer Haut wird durch Hirse enorm gestärkt.

○ Die Hirse ist übrigens das einzige Vollkorngetreide, das sehr **leicht verdaulich** ist. Daher sollten gerade Einsteiger in die Vollwerternährung sie zum Eingewöhnen einsetzen.

○ Das in der Hirse enthaltene Fluorid stärkt den Zahnschmelz und beugt so **Karies** vor.

Die wichtigsten Inhaltsstoffe und Anwendungsbereiche

Vitamine	B_1 B_2, B_6, Pantothensäure
Mineralstoffe	Magnesium, Kalium
Spurenelemente	Eisen, Zink, Silicium
Nervensystem, Geist, Gemüt	Hebt die Stimmung
Haut, Haare, Nägel	Stärkung durch Kieselsäure
Verdauungssystem	Zum Einstieg in die Vollwerternährung
Nährwerte pro 100 g	Energie 354 kcal/1.479 kJ · Kohlenhydrate 69,0 g · Eiweiß 10,6 g · Fett 3,9 g · Ballaststoffe 3,8 g

Tagesplan

MORGENS 2 Tassen Kaffee mit ganz wenig Sahne und Zucker. Müsli aus 3 EL Hirseflocken, 1 EL gehackten Datteln, 1 EL gehackten Walnüssen, 1/2 Banane in Scheiben, 1 TL Rosinen, 1 TL Honig und 1 Becher Magerjoghurt.

VORMITTAGS 1 Naturjoghurt mit etwas Honig und 1 EL Hirseflocken.

MITTAGS 40 g Goldhirse mit etwas Salz und 1 Tasse Wasser aufkochen, dann 20 Minuten köcheln lassen, bis kein Wasser mehr da ist. Das Ganze im zugedeckten Topf unter der Bettdecke 1 Stunde quellen lassen. Anschließend mit 150 g schonend gedünsteten grünen Erbsen (Tiefkühlfach), 4 EL kleingehackter Petersilie und 3 EL kleingehacktem Basilikum vermischen. Dazu passt 1 Kopfsalat oder 1/2 kleiner Chinakohl mit Essig-Öl-Marinade oder Zitronensaft-Öl-Marinade.

Zum Mitnehmen für Berufstätige

3 EL Hirseflocken mit 1/4 l Heidelbeersaft (Muttersaft, ohne Zucker und ohne Wasser, Reformhaus) übergießen und etwas quellen lassen. Dann mit 1 Becher Naturjoghurt oder Kefirmilch, 1 EL Honig, 1 geraffelten Apfel sowie 7 Walnüssen oder Haselnüssen vermischen. 15 Minuten stehen lassen, dann langsam essen, dabei gut kauen.

NACHMITTAGS 1 Glas Kefir mit 1 EL Hirseflocken.

ABENDS 80 g Hirseflocken mit 1/4 l lauwarmer Milch, 1 bis 2 Eiern und etwas Salz zu einem ziemlich festen Teig verarbeiten, 30 Minuten ruhen lassen. In einer Pfanne mit ganz wenig Butter oder Rapsöl daraus Pfannkuchen backen. Dazu 1 Dessertschale mit Apfel- oder Kirschenkompott (aus dem Glas).

Spezialtipps

○ Eine wunderbare Hauptmahlzeit ist auch Hirsi-Bisi statt Risi-Bisi: Statt Reis mischen Sie gedünstete Hirse mit den grünen Erbsen.

○ Hirse lässt sich ähnlich wie Reis als Beilage zu Gerichten, für Aufläufe oder süßen Milchbrei verwenden. Sie quillt allerdings beim Kochen stärker auf als Reis und braucht deshalb mehr Flüssigkeit.

Das Abendrezept

Honig

hält uns jung und gesund

Etwa 20.000 Flugeinsätze der Bienen sind nötig, um 150 g Honig zu produzieren. Dieses einzigartige Naturprodukt ist nicht nur ein leckerer Brotaufstrich, sondern auch ein bewährtes Hausmittel bei vielen Krankheiten.

○ US-Forscher haben herausgefunden: Das Zusammenspiel aller Wirkstoffe im Honig – das sind Vitamine, Mineralstoffe, Spurenelemente, Enzyme, Aminosäuren, pflanzliche Hormone und andere Bioaktivstoffe – macht ihn zu einem Superschutz vor frühzeitigem **Altern** und vor aggressiven **Umweltgiften**. Man kann sagen: „Wer mit Honig süßt, bleibt länger jung und gesund."

○ Im Rahmen der Studie haben Männer im Alter zwischen 18 und 68 Jahren fünf Wochen lang jeden Tag 1 Glas Wasser mit 4 Teelöffeln Honig getrunken. Das Ergebnis der anschließenden Laboranalysen: Die Probanden hatten deutlich mehr Antioxidanzien im Blut, Substanzen, die den Organismus gegen aggressive **Umweltschadstoffe** und **Stoffwechselgifte** schützen. Diese feindlichen Substanzen sind verantwortlich für frühzeitiges Altern, für viele Krankheiten und für eine frühzeitige Ermüdung von **Herz** und **Kreislauf**.

○ Daher lautet das Ergebnis der Studie: Wer jeden Tag 3 bis 4 Teelöffel Honig in den Speiseplan einbaut, bleibt länger jung, beugt einer frühzeitigen **Arteriosklerose** vor, stärkt **Herz** und **Kreislauf**.

○ Ein interessantes Detail der Honig-Studie: Je dunkler der Honig, desto mehr Schutzstoffe enthält er.

Die wichtigsten Inhaltsstoffe und Anwendungsbereiche

Vitamine	B_1, C
Mineralstoffe	Kalium, Magnesium, Calcium
Spurenelemente	Eisen, Kupfer, Mangan, Chrom
Immunsystem	Schützt vor Umweltgiften und fängt freie Radikale auf
Herz und Kreislauf	Beugt einer frühzeitigen Arteriosklerose vor
Nährwerte pro 100 g	Energie 327 kcal/1.367 kJ · Kohlenhydrate 81,0 g · Eiweiß 0,3 g · Fett 0,0 g · Ballaststoffe 0,0 g

Tagesplan

MORGENS 2 Tassen schwarzer Tee mit Honig. 1 Vollkornbrötchen mit etwas Butter und Waldhonig. Dazu 1 Glas frisch gepressten Orangensaft.

VORMITTAGS 1 Becher Naturjoghurt mit Honig.

MITTAGS Aus 1 zerdrückten Knoblauchzehe, 1 EL Rapsöl, 1 TL Zitronensaft, 2 TL Honig, 1 TL Tomatenmark, 2 EL Tomatenketchup, Salz und Pfeffer eine Marinade herstellen. 2 Hähnchenkeulen damit bestreichen und 1 Stunde kühl stellen. Anschließend bei 170 °C im Backofen etwa 35 Minuten braten. Dazu passt ein grüner Salat mit Essig-Öl-Marinade.

Zum Mitnehmen für Berufstätige

1 gemischten Blattsalat vorbereiten und in einer Frischhaltebox mitnehmen. Ein Dressing aus 2 EL Essig, 3 EL Öl, 2 EL Sojasauce, 1 bis 2 EL Honig, Salz und Pfeffer zubereiten und getrennt mitnehmen. Kurz vor dem Genießen beides mischen. Dazu 1 Vollkornbrötchen.

NACHMITTAGS 1 Banane zerdrücken und mit 1/4 l Milch und 1 TL Honig mixen.

ABENDS 1 Banane halbieren, mit Zitronensaft beträufeln und in einer Pfanne in etwas Butter braten, 2 TL Honig darauf geben und die Bananenhälften von der anderen Seite braten. Mit etwas Sesam oder Kokosraspeln bestreuen.

Spezialtipps

○ Bei Nervosität am Morgen lässt man einfach 1 TL Honig im Mund zergehen. Die Mundschleimhäute können dann die Wirkstoffe rasch und intensiv aufnehmen.

○ Bei Erschöpfung rührt man 2 EL Honig und 1 EL Zitronensaft in 1/4 l stilles Mineralwasser, trinkt langsam in kleinen Schlucken.

○ Bei Heiserkeit trinkt man schluckweise 1/4 l warme Milch mit 4 TL Honig.

○ Um morgens so richtig in Schwung zu kommen, trinkt man 1/4 l stilles Mineralwasser mit 1 EL Honig und 1 EL Apfelessig.

Das Abendrezept

hält uns jung und gesund

69

Ingwer

die Powerwurzel

Die Wurzel der Ingwerpflanze ist in der asiatischen Küche nicht wegzudenken. Auch bei uns hält die Superwurzel immer mehr Einzug, und das mit gutem Grund.

○ **Stress** im Beruf oder im Privatleben? Viele von uns fühlen sich ausgebrannt, erschöpft und kraftlos. Man nennt diesen Zustand auch das „**Burn-out-Syndrom**". Da helfen die Inhaltsstoffe der Ingwerwurzel.

○ Die Ingwerwurzel enthält viel Vitamin C und hilft somit bei **Erkältungskrankheiten.**

○ Ingwer verfügt über 22 ätherische Öle: Diese wirken antibakteriell, **blutdrucksenkend,** beruhigend, harntreibend, entzündungshemmend, **antirheumatisch** und schleimlösend.

○ Ingwer hemmt die Blutgerinnung und schützt so vor **Infarkten.**

○ Die Ingwerwurzel enthält aber auch pflanzliche Hormonstoffe, die unsere Zellen jung erhalten. Diese Phytohormone kurbeln die Pro-

duktion körpereigener Hormone an, die uns vor frühzeitigem **Altern** schützen. Ingwer ist daher ein Jungmacher für alle Menschen über 40.

○ Speziell in der Übergangszeit vom Winter zum Frühling ist Ingwer wichtig für uns: Er liefert uns von innen her **Wärme.**

○ Und er schützt vor **Darmkatarrh** und kann **Blähungen** vorbeugen und bekämpfen.

○ Manche Menschen erfahren durch Ingwer eine Verbesserung von **Kopfschmerzen** und rheumatischen **Gelenkbeschwerden.**

○ Ingwer ist zudem ein gutes Mittel gegen **Übelkeit** und **Erbrechen.** Er wird daher auch zur Vorbeugung von Reisekrankheiten eingesetzt.

Die wichtigsten Inhaltsstoffe und Anwendungsbereiche

Vitamine	C
Sonstige	Ätherische Öle, Phytohormone
Nervensystem, Geist, Gemüt	In Stresssituationen, Burn-out-Syndrom
Immunsystem	Bei Erkältungen
Herz und Kreislauf	Bei Bluthochdruck, Schutz vor Herzinfarkt
Verdauungssystem	Schutz vor Darmkatarrh, Blähungen
Nährwerte pro 100 g	Energie 61 kcal/256 kJ · Kohlenhydrate 11,0 g · Eiweiß 2,5 g · Fett 0,8 g · Ballaststoffe 2,4 g

Tagesplan

MORGENS 2 Tassen Ingwertee mit etwas Zucker. 2 Scheiben Roggenmischbrot mit Ingwermarmelade, dazu 1 gekochtes Ei und 1 Glas frisch gepressten Orangensaft.

VORMITTAGS 2 dünne Scheiben von einer geschälten, frischen Ingwerwurzel abschneiden, in frisch gepressten Zitronensaft tauchen und gut kauen.

MITTAGS 150 g Möhren und 1 Kartoffel schälen und in kleine Stücke schneiden. Frischen Ingwer (ca. 1 cm) schälen und in dünne Scheiben schneiden. 1 kleine Zwiebel grob hacken und in etwas Öl anschwitzen. Möhren, Kartoffel, Ingwer sowie etwas Currypulver dazugeben und mit 200 ml Hühnerbrühe und 100 ml Orangensaft ablöschen. Etwa 30 Minuten köcheln. Anschließend die Suppe pürieren und mit Salz und etwas Crème fraîche abschmecken.

Zum Mitnehmen für Berufstätige

1 Avocado schälen, halbieren, entkernen und das Fruchtfleisch mit einer Gabel zerdrücken. Mit etwas Zitronensaft vermischen. 1 EL Olivenöl, ½ gehackte Knoblauchzehe sowie etwas frisch gehackten Ingwer unter die Avocadomasse rühren und mit Salz und Chilipulver würzen. Mit fertig gekauften Tortillas genießen.

NACHMITTAGS 3 bis 4 dünne Ingwerscheiben in eine Teetasse legen, mit kochendem Wasser übergießen und zugedeckt etwa 5 Minuten ziehen lassen. Anschließend durchseihen und den Ingweraufguss in kleinen Schlucken trinken.

ABENDS 1 kleinen Eisbergsalat waschen, putzen und in kleine Stücke schneiden. Aus 1 EL Rapsöl, 50 g saurer Sahne, etwas frisch gehacktem Ingwer, Zitronensaft, Salz und Pfeffer ein Dressing herstellen. Dazu 2 Scheiben Vollkorntoast.

Spezialtipps

○ Wenn Sie eine frische Ingwerwurzel kaufen, achten Sie darauf, dass sie glatt und prall ist. Wenn sie schrumpelig ist, ist sie alt und hat kaum noch Wirkstoffe.

○ Im Gemüsefach des Kühlschranks halten sich die frischen Wurzeln etwa 10 Tage. Nicht zu kalt lagern.

Das Mitnehmrezept

Kartoffel

wirkt gegen Übersäuerung

Diese beliebte Knolle besitzt viele Vorteile: Sie ist schmackhaft, preiswert und kalorienarm. Kartoffeln sind das ganze Jahr über verfügbar und vielseitig auf dem Speiseplan einsetzbar. Darüber hinaus enthalten sie viele Vitalstoffe für unsere Gesundheit.

○ Kartoffeln machen optimistisch, weil sie etwaigen Druck vom **Herzen** nehmen und **Giftstoffe** aus dem Organismus ableiten.

○ Die enthaltene Stärke wird in unserem Organismus umgewandelt und gibt uns geistige und körperliche **Kraft**.

○ Die Kartoffel enthält eine beachtliche Menge des Spurenelements Chrom, das diesen Prozess noch unterstützt.

○ Mit Hilfe des in der Kartoffel enthaltenen Vitamin C baut der Körper **Glückshormone** auf. Somit macht die Kartoffel glücklich.

○ Die Kartoffel liefert, sofern sie schonend zubereitet und nicht zu sehr erhitzt wird, große Mengen an basischen Elementen in Form von Mikronährstoffen. Diese wirken gegen eine **Übersäuerung** des Organismus. Der Hauptwirkstoff ist dabei das Kalium.

○ Legen Sie 2 Monate lang jede Woche einen Kartoffeltag ein (siehe Tagesplan und Spezialtipps) und Sie können Krankheiten wie **Kopfschmerzen**, **Allergien** und **Hexenschuss** entgegenwirken.

○ Kartoffeln in Kombination mit Ei sind ideale **Eiweiß**lieferanten.

○ Der glykämische Index der Kartoffel ist zwar relativ hoch, die glykämische Last jedoch nicht.

Die wichtigsten Inhaltsstoffe und Anwendungsbereiche

Vitamine	C
Mineralstoffe	Kalium
Spurenelemente	Chrom
Nervensystem, Geist, Gemüt	Bei negativen Stimmungen und Kopfschmerzen
Verdauungssystem	Bei Übersäuerung
Nährwerte pro 100 g	Energie 70 kcal/292 kJ · Kohlenhydrate 14,8 g · Eiweiß 2,0 g · Fett 0,1 g · Ballaststoffe 2,1 g

Tagesplan

MORGENS 2 Tassen grüner Tee, ungesüßt. 3 Pellkartoffeln mit etwas Quark und Kräutersalz. Dazu 1 Tomate und ¹/₄ Salatgurke, in Scheiben geschnitten.

VORMITTAGS 1 Pellkartoffel mit etwas Kräutersalz.

MITTAGS 3 bis 4 Pellkartoffeln in Scheiben. Dazu 1 große Schüssel gemischten Salat mit einem frischen Essig-Öl-Dressing.

Zum Mitnehmen für Berufstätige
3 bis 4 Pellkartoffeln mit einem leichten Joghurtdressing aus 1 Becher Naturjoghurt, etwas Zitronensaft, Salz, Pfeffer und frisch gehackten Kräutern (Petersilie, Schnittlauch, Dill, Borretsch), dazu ein kleiner gemischter Salat.

NACHMITTAGS 1 Pellkartoffel mit etwas Kräutersalz.

ABENDS 4 rohe Kartoffeln mit Schale halbieren und mit Olivenöl einpinseln. Etwas Kümmel darauf streuen und im Backofen garen. Dazu 150 g Magerquark mit 1 Becher Naturjoghurt mischen, 1 rote Paprikaschote würfeln und untermengen, 1 EL frisch gehackte Petersilie sowie Salz und Pfeffer hinzugeben.

Spezialtipps
○ Trinken Sie an dem Kartoffeltag vor jeder Mahlzeit 60 ml milchsauer vergorenen Kartoffelsaft aus dem Reformhaus, gemischt mit 125 ml Rote-Bete-Saft und ein paar Tropfen Zitronensaft.

○ Auf Kartoffelchips, Pommes oder Bratkartoffeln sollten Sie an einem Kartoffeltag verzichten. Diese fetten Kalorienbomben belasten den Organismus nur.

○ Lassen Sie 50 g braunen Kandiszucker in einer Tasse Kartoffelwasser, das Sie nach dem Garen von Kartoffeln aufgefangen haben, einmal aufkochen. Trinken Sie die Flüssigkeit in kleinen Schlucken über einige Tage lang. Das wirkt schleimlösend.

Das Abendrezept

wirkt gegen Übersäuerung

Käse

wichtig für unsere Knochen

Bei weltweit über 3.000 Sorten fällt die Auswahl schwer. Allein schon in Deutschland werden etwa 600 verschiedene Käse hergestellt und angeboten.

○ Käse ist reich an dem hochwertigen Milcheiweißbestandteil Kasein, der alle unentbehrlichen Aminosäuren enthält. Schon 100 g Käse decken bis zu 45 Prozent des täglichen **Eiweißbedarfs**.

○ Das wichtigste Kohlenhydrat im Käse ist die Laktose. Sie wird von den im Darm lebenden Milchsäurebakterien zu Milchsäure umgewandelt, die unsere **Verdauung** anregt.

○ Käse liefert reichlich Calcium, das für die Stärkung unserer **Knochen** so wichtig ist und somit vor der gefürchteten Knochenentkalkung **Osteoporose** schützt. Speziell das Käse-Calcium wird vom Körper dank des Milchzuckers besonders gut aufgenommen. 100 g Hartkäse decken annähernd den Tagesbedarf an dem lebenswichtigen Mineralstoff.

○ Käse ist aber auch ein guter Abschluss einer Mahlzeit, weil er das Milieu im Mund positiv beeinflusst. Käse liefert dem Zahnschmelz Calcium, stärkt damit den Zahn gegen schädliche Säuren und schützt auf diese Weise gegen **Karies**.

○ Außerdem unterstützt Käse die **Sehkraft**, weil er uns mit Vitamin A versorgt.

Die wichtigsten Inhaltsstoffe und Anwendungsbereiche

Vitamine	A
Mineralstoffe	Calcium
Sonstige	Kasein, Laktose
Verdauungssystem	Anregung der Verdauung
Knochen und Gelenke	Stärkt die Knochen, schützt vor Osteoporose
Zähne	Schützt vor Karies
Augen	Unterstützt die Sehkraft
Nährwerte pro 100 g **Gouda**	Energie 300 kcal/1.253 kJ · Kohlenhydrate 0,0 g · Eiweiß 24,7 g · Fett 22,3 g · Ballaststoffe 0,0 g

Tagesplan

MORGENS 2 Tassen Kaffee mit wenig Zucker. 2 Scheiben Baguette mit ganz wenig Butter und mit 50 g Hüttenkäse bestreichen. Dazu 1 rote, in Streifen geschnittene Paprikaschote.

VORMITTAGS 50 g Gouda, in Würfel geschnitten, dazu einige Weintrauben.

MITTAGS Aus 2 Eiern, 1 EL Sahne, Milch oder Wasser einen Omeletteteig herstellen und mit Salz, Pfeffer, mildem Paprikapulver sowie Muskat würzen. Etwas Butter oder Rapsöl in einer Pfanne erhitzen, die Ei-Masse hineingießen und verteilen. Sobald das Omelette zur Hälfte gar ist, 80 bis 100 g geriebenen Käse darauf geben, zugedeckt weiterbacken, bis der Käse geschmolzen ist. Dazu 1 Teller knackigen Blattsalat.

Das Mittagsrezept

Zum Mitnehmen für Berufstätige

125 g Camembert ohne Rinde mit einer Gabel zerdrücken. Mit 20 g Butter und 1 TL mildem Paprikapulver verrühren und dick auf 2 Scheiben Vollkornbrot verteilen. Auf jedes Brot 3 halbe Walnusskerne legen.

NACHMITTAGS 50 g Emmentaler am Stück, dazu 1 Möhre knabbern.

ABENDS 60 g Edamer oder jungen Gouda und 1 Apfel in kleine Stücke schneiden, mischen und mit folgender Marinade verrühren: 25 g gehackte Zwiebel, 1 TL Sonnenblumenöl, etwas Salz, Pfeffer, Zitronensaft, Honig und 3 EL Kräuter der Provence. Auf grünen Salatblättern servieren, dazu 1 dünne Scheibe Weißbrot.

Spezialtipps

○ Es ist auch ein schönes Abendbrot, zum Glas Rotwein 50 bis 70 g französischen Hartkäse zu essen. Ohne Brot und Butter. Pur. Dabei nimmt man nicht zu.

○ Vor allem Frauen sollten spät abends mit den Käseportionen nicht übertreiben. Zu viel Käse zu später Stunde kann am nächsten Morgen zu geschwollenen Augen und Fingerknöcheln führen. Dies können Sie mit 1 Glas Selleriesaft oder Rote-Bete-Saft bekämpfen.

○ Wenn Sie Käse im Kühlschrank aufbewahren, dann stellen Sie ihn eine Stunde vor der Mahlzeit heraus, damit er sein volles Aroma aufbauen kann.

○ Achten Sie darauf, dass Sie nicht gerade den fettesten Käse einkaufen.

Keime und Sprossen

Da Freilandgemüse nur begrenzt im Jahr zur Verfügung steht und im Glashaus gezüchtetes Gemüse oft schadstoffbelastet ist, hier ein Tipp: Züchten Sie sich gesundes Gemüse ganz einfach zu Hause in Ihrer Küche. Sprossen sind wahre Kraftpakete voller Mineralstoffe und Vitamine.

○ Der Vitamin-C-Gehalt vieler Keime und Sprossen steigt beim Keimen bis zu 500 Prozent, der Gehalt an Provitamin A (Betacarotin) bis zu 300 Prozent an. Beide Vitamine sind wichtig für die **Immunabwehr**. Auch Mineralstoffe und Spurenelemente vermehren sich gigantisch.

○ Sehr wertvoll sind Weizenkeime. Sie liefern uns B-Vitamine und Magnesium für unsere **Nerven**.

○ Linsensprossen bieten Vitamin C und E und **Eisen**. Damit haben sie eine stärkende Wirkung auf die **Körperabwehr** und wirken positiv bei **Wundheilung**.

○ Sojabohnensprossen sind reich an Calcium für die **Knochen** sowie Phosphor und Lecithin fürs **Gehirn**.

○ Kichererbsen versorgen uns mit Vitamin D, wichtig für den **Knochenaufbau**, das wir sonst nur durch Sonnenbestrahlung bilden können.

○ Kressesprossen stärken die **Schilddrüse**, Sonnenblumenkeime liefern Zink für die **Immunkraft**, Kürbiskernsprossen sind reich an ungesättigten Fettsäuren und damit wichtig für **Herz** und **Kreislauf**.

○ Durch ihren hohen Gehalt an Ballaststoffen wirken Keimlinge und Sprossen auch **verdauungsfördernd** und helfen bei **Verstopfung**.

Die wichtigsten Inhaltsstoffe und Anwendungsbereiche

Vitamine	Betacarotin, C, E, D
Mineralstoffe	Magnesium, Calcium, Phosphor
Spurenelemente	Eisen, Zink
Immunsystem	Stärkung der Immunabwehr
Nervensystem, Geist, Gemüt	Stärken die Nerven
Hormonsystem	Stärkung der Schilddrüse
Nährwerte pro 100 g Sojasprossen	Energie 50 kcal/211 kJ · Kohlenhydrate 4,7 g · Eiweiß 1,0 g · Fett 1,0 g · Ballaststoffe 2,4 g

Tagesplan

MORGENS 2 Tassen Kaffe, ungesüßt. Müsli aus 1 Apfel, 1 Orange, 1 Banane, 2 EL Sonnenblumensprossen, 1 EL Pinienkerne, 1 Becher Magerjoghurt und etwas Honig.

VORMITTAGS 1 Fruchtjoghurt mit 1 EL Sprossen nach Wahl.

MITTAGS In einem Wok oder einer großen Pfanne 150 g Rinderhackfleisch im heißen Fett anbraten. 100 g kleingeschnittenen Chinakohl, 1/2 gelbe gewürfelte Paprika sowie 80 g Sojabohnensprossen hinzugeben und kurz mitgaren. Mit Sojasauce und etwas Cayennepfeffer würzen. Dazu passt Reis.

Zum Mitnehmen für Berufstätige

1 kleinen Blattsalat waschen, putzen und in kleine Stücke teilen. Mit 100 g Sprossen nach Wahl und 125 g in Streifen geschnittener Putenbrust mischen. Dazu ein Dressing aus 2 EL Öl, 1 EL Essig, 1 EL Sojasauce, etwas Ingwer, Salz und Pfeffer.

Das Mittagsrezept

NACHMITTAGS 1 Becher Naturjoghurt mit 1 EL Sprossen nach Wahl.

ABENDS 1 Vollkornbrötchen aufschneiden, mit etwas Butter bestreichen. Mit 1 Blatt Salat, 2 Scheiben Hähnchenbrust, 2 Tomatenscheiben, 1 EL Sprossen nach Wahl belegen, dazu 1 Glas Kefir.

Spezialtipps

- So bringen Sie die Samen zum Keimen:
- Besorgen Sie sich eine Schüssel oder eine Keimbox (Reformhaus) und keimfähige Samenkörner oder Hülsenfrüchte.
- Große Körner 12 Stunden, kleine Körner 6 Stunden lang in kaltem Wasser bei Zimmertemperatur ansetzen. Dann gut waschen und in dem Gefäß verteilen.
- Zweimal am Tag gießen, sodass die Keime immer feucht sind. Zimmertemperatur 22 bis 24 °C. An den ersten beiden Tagen im Dunkeln stehen lassen, dann ans Licht stellen.
- Am 4. oder 5. Tag ist Erntezeit. Zuerst aber gründlich waschen, da sich während des Keimens Bakterien und Pilze gebildet haben, die Verdauungsprobleme hervorrufen können.
- Nach dem Waschen können Sie die Keime und Sprossen gleich knabbern oder unter den Salat mischen bzw. einen Sprossen-Salat zubereiten. Man kann sie auch ins Müsli oder den Joghurt rühren, auf die Suppe oder aufs Butterbrot streuen.
- Kaufen Sie nur spezielle Samen zum Keimen. Normales Saatgut für den Garten ist oft chemisch vorbehandelt.

Kiwi

stärkt Nerven und Kreislauf

Kiwis sind wunderbare Früchte, die vor allem das Abnehmen erleichtern, weil sie zwar viele Vitalstoffe liefern, aber nur wenige Kalorien mitbringen.

○ Kiwis liefern große Mengen an Vitamin C, schützen daher vor lästigen **Erkältungen**.

○ Kiwis stärken unsere **Nerven** für den Straßenverkehr, für Prüfungen und für das Meistern von Problemen. Das bewirken die Vitamine B_1, B_2, B_3, B_5 und B_6 sowie das Anti-**Stress**-Mineral Magnesium.

○ Wer Probleme mit dem **Kreislauf** hat, sollte Kiwis verzehren. Sie versorgen uns mit der Aminosäure Arginin. Die macht die Blutgefäße weit und bringt den Kreislauf in Schwung.

○ Die Mineralstoffe Magnesium und Kalium, das Vitamin Folsäure sowie das Spurenelement Eisen in der Kiwi geben dem **Herzen** Kraft.

○ Wer nicht so besonders **gute Laune** hat, der sollte Kiwis naschen, damit er wieder besser drauf ist. Das macht das Zink.

○ Die Aminosäure Arginin in den Kiwis hilft gegen **dicke, schwere Beine**.

○ Nach dem Schwitzen beim **Sport** kann man mit Kiwis wunderbar Mineralstoffe nachliefern. Und durch ihren hohen Anteil an Ballaststoffen fördern sie die **Verdauung**.

○ Rohe Kiwis enthalten ein eiweißlösendes Enzym und unterstützen so die **Verdauung** von eiweißhaltigen Lebensmitteln. Eine Kiwi als Dessert nach einem fleischhaltigen Gericht ist also optimal.

○ Das Eisen der Kiwi wird übrigens gut vom Körper aufgenommen, da das ebenfalls vorkommende Vitamin C diesen Vorgang unterstützt.

Die wichtigsten Inhaltsstoffe und Anwendungsbereiche

Vitamine	B_1, B_2, B_3, B_5, B_6, Folsäure
Mineralstoffe	Magnesium, Kalium
Spurenelemente	Eisen, Zink
Aminosäure	Arginin
Immunsystem	Schutz vor Erkältungen, gut bei Stress
Herz und Kreislauf	Bei Verengung der Blutgefäße, gibt dem Herzen Kraft
Verdauungssystem	Fördert die Verdauung
Nährwerte pro 100 g	Energie 61kcal/256 kJ · Kohlenhydrate 15,0 g · Eiweiß 1,0 g · Fett 0,4 g · Ballaststoffe 3,4 g

Tagesplan

MORGENS 2 Tassen Kaffee mit etwas Kaffeesahne und ganz wenig Zucker. 1 Scheibe Vollkornbrot mit ganz wenig Butter bestreichen, 1 Kiwi schälen, in Stücke schneiden und mit einer Gabel zerdrücken. Mit 1 TL Honig verrühren und aufs Brot streichen, 1 TL Sesamsamen darüber streuen.

VORMITTAGS 2 Kiwis, am besten gelbe Gold-Kiwis.

MITTAGS 1 Kiwi schälen, 1 Aprikose entkernen und beides würfeln. 1 Hähnchenbrustfilet mit etwas Paprikapulver und Salz würzen und in einer Pfanne mit etwas Fett gut durchbraten. Anschließend 1 kleine Zwiebel andünsten, die Obstwürfel hinzugeben und mitdünsten. Mit Currypulver würzen und mit etwas Crème fraîche verfeinern, mit Salz abschmecken. Dazu passt Reis.

Zum Mitnehmen für Berufstätige
100 g Erdbeeren waschen, putzen und kleinschneiden. 2 Kiwis schälen und in kleine Stücke schneiden. Beides mischen und mit Zitronensaft, Orangensaft, Honig und etwas Zimt marinieren. Mit gerösteten Mandelblättchen bestreuen.

NACHMITTAGS 2 Kiwis.

ABENDS 1 Scheibe Vollkornbrot mit körnigem Frischkäse bestreichen und mit Kiwischeiben belegen. Zusätzlich 1 Kiwi kleinschneiden und zu 1 Becher Naturjoghurt essen, eventuell mit etwas Honig süßen.

Das Mittagsrezept

Spezialtipps
○ Wer auf grüne Kiwis allergisch reagiert, sollte gelbe Kiwis – auch Gold-Kiwis genannt – essen, diese lösen keine Allergie aus.
○ Diese haben etwas mehr Inhaltsstoffe und eine Schale, die man sogar mitessen kann.
○ Rohe Kiwis vertragen sich nicht mit Milchprodukten – sie lassen diese bitter werden.

Knoblauch

senkt den Blutdruck und das Cholesterin

Im Grunde genommen haben es alle Menschen im Mittelmeerraum seit jeher gewusst: Knoblauch als Gewürz – regelmäßig angewendet – ist ein Lebenselixier, das bis ins hohe Alter fit und vital hält.

○ Zum Knoblauch gibt es inzwischen zahllose Studien aus den USA und von der Freien Universität in Berlin. Knoblauch bekämpft nicht nur das schädliche **LDL-Cholesterin**, sondern auch das noch mehr gefürchtete und aggressive **Lipoprotein A**, das besonders schnell die **Adernverkalkung** vorantreibt. Und am Institut für Herz-Kreislauf-Forschung in Mainz hat man nachgewiesen: Wer jahrelang regelmäßig Knoblauch konsumiert, hat um etwa 10 Jahre jüngere und elastischere Gefäße. Daraus ergibt sich auch ganz klar, dass Knoblauch in hervorragender Weise die **Durchblutung** fördert. Ja und wenn beide Partner die gesundheitlichen Vorteile des Knoblauchs nutzen, dann stört den einen nicht der Geruch des anderen.

○ Die Wirkstoffe des Knoblauchs – allen voran das Allicin – senken zu hohen **Blutdruck**.

○ Knoblauch ist ein hervorragendes Mittel gegen **Warzen**. Eine Zehe in hauchdünne Scheiben schneiden und immer eine Scheibe auf die Warze legen und ein Heftpflaster darauf kleben. Dreimal am Tag wechseln.

○ Neuere Studien haben ergeben, dass eine knoblauchreiche Ernährung das Risiko für **Magen-** und **Darmkrebs** senken kann. Der Hauptwirkstoff Allicin in Verbindung mit den im Knoblauch enthaltenen Lektinen kann Veränderungen in den Magen- und Darmschleimhäuten verhindern.

Die wichtigsten Inhaltsstoffe und Anwendungsbereiche

Spurenelemente	Selen
Sonstige	Allicin, Lektine
Herz und Kreislauf	Schutz vor Arteriosklerose, Förderung der Durchblutung, Senkung hoher Cholesterinwerte, Blutdrucksenkung
Haut, Haare, Nägel	Bei Warzen
Immunsystem	Senkt das Risiko für Magen- und Darmkrebs
Nährwerte pro 100 g	Energie 13 kcal/55 kJ · Kohlenhydrate 3,0 g · Eiweiß 0,6 g · Fett 0,1 g · Ballaststoffe 0,1 g

Tagesplan

Morgens 2 Tassen Kaffee mit wenig Zucker oder nur mit etwas Kaffeesahne. 2 Scheiben Vollkornbrot mit ganz wenig Butter bestreichen, jeweils mit 1 Scheibe Putenschinken oder Lammschinken und 2 zerdrückten Knoblauchzehen belegen. Dazu 1 rote Paprikaschote.

Vormittags 1 Vollkorntoast toasten, mit wenig Butter bestreichen und mit einer zerdrückten Knoblauchzehe einreiben, leicht salzen.

Mittags 100 g Spaghetti in Wasser mit etwas Salz und ein paar Tropfen Olivenöl etwa 8 Minuten gar kochen. 3 Knoblauchzehen fein hacken und in 2 EL Olivenöl in einer Pfanne anschwitzen (der Knoblauch darf nicht braun werden). Anschließend über die Nudeln gießen und 1 EL geriebenen Parmesan darauf streuen.

Zum Mitnehmen für Berufstätige

50 g Fetakäse klein würfeln und zusammen mit 2 kleinen Knoblauchzehen pürieren. 1 bis 2 EL saure Sahne unterrühren und mit Salz und Pfeffer würzen. Dazu passen $1/4$ Fladenbrot sowie einige Cocktailtomaten.

Nachmittags Aus 1 Knoblauchzehe (gerieben), 50 g Schmand und 50 g Naturjoghurt einen Dip herstellen und mit Salz und Pfeffer würzen. Dazu 1 in Streifen geschnittene Paprika.

Abends Spanische Knoblauchsuppe: $1/2$ Knoblauchzehe mit etwas Salz zerdrücken. 1 Ei in eine Suppentasse schlagen, den Knoblauch dazugeben. 1 Tasse Gemüsebrühe (Reformhaus)

Das Abendrezept

zubereiten, mit 1 EL Weinbrand würzen, über das Ei und den Knoblauch gießen und mit gehackter Petersilie garnieren. Dazu 2 getoastete Scheiben Vollkorntoastbrot.

Spezialtipps

○ Wenn Sie einen frischen Knoblauch bekommen, der einen leichten lila Farbeinschlag hat, dann verfügt er über besonders viele Schutzsubstanzen für Herz und Kreislauf. Der Lilaknoblauch kommt meist aus der spanischen Mancha.

○ Achten Sie beim Einkauf darauf, dass der Knoblauch nicht zu sehr riecht. Dies deutet auf verletztes Fruchtfleisch und alte Knollen hin.

○ So können Sie den Knoblauchgeruch entschärfen: Trinken Sie nach dem Essen ein kleines Glas Rotwein, kauen Sie eine Kaffeebohne oder den Samen von Thymian oder Majoran. Oder lutschen Sie eine Chlorophyll-Tablette aus der Apotheke.

Kürbis

senkt das Cholesterin und stärkt die Nerven

Zu Halloween lieben ihn die Kinder. Dann werden aus ihm die gruseligen Gesellen geschnitzt. Als Nahrungsmittel hilft er uns auch, die eine oder andere Krankheit zu vertreiben.

○ Das Kürbisfleisch ist reich an Ballaststoffen, die **Fette** und **Umweltschadstoffe** aus unserem Organismus über den Darm abtransportieren.

○ Mit dem Wirkstoff Betasitosterin in den Kernen vom Flaschenkürbis werden auch erhöhte **Cholesterin**werte gesenkt.

○ Kürbis enthält viele Enzyme, die die **Bauchspeicheldrüse** entlasten. Diese braucht dann nicht so viele Lipasen, also fettspaltende Enzyme, bereitzustellen.

○ Die im Kürbis enthaltenen Carotine, die ihm die schöne Farbe geben, stärken unsere natürlichen **Abwehrkräfte**.

○ Die Mineralien Magnesium, Kalium, Kupfer und Eisen stärken die **Nerven**.

○ Kürbis wirkt harntreibend, stärkt die Nieren und schützt die **Prostata** des Mannes sowie die **Blase** der Frau.

○ Mit dem im Kürbis enthaltenen Vitamin A können **Hautprobleme** verbessert werden.

○ Kürbis enthält pro 100 g nur 25 Kalorien und ist daher ideal zum **Abnehmen**.

Die wichtigsten Inhaltsstoffe und Anwendungsbereiche

Vitamine	A, Betacarotin
Mineralstoffe	Magnesium, Kalium
Spurenelemente	Kupfer, Eisen
Herz und Kreislauf	Senkung hoher Cholesterinwerte
Hormonsystem	Entlastung der Bauchspeicheldrüse
Immunsystem	Stärkung der Abwehrkräfte
Nieren und Blase	Stärkt Nieren, schützt Prostata und Blase
Nährwerte pro 100 g	Energie 39 kcal/164 kJ · Kohlenhydrate 8,8 g · Eiweiß 0,9 g · Fett 0,6 g · Ballaststoffe 2,8 g

Tagesplan

MORGENS 2 Tassen Kaffee mit etwas Zucker. Müsli aus Haferflocken, Rosinen, 1 kleingeschnittenen Apfel, 2 EL Kürbiskernen sowie Milch. Dazu 1 Glas Möhren-Orangen-Zitronen-Saft.

VORMITTAGS Einige Kürbiskerne knabbern.

MITTAGS 1 Zwiebel, 1 Möhre, 1 Kartoffel schälen und würfeln und in etwas Öl anbraten. $1/4$ l Gemüsebrühe und 150 g Kürbisfleisch dazugeben. Alles etwa 30 Minuten köcheln lassen. Anschließend pürieren und mit etwas Sahne verfeinern. Mit Salz, Pfeffer und Muskat würzen. Wer möchte, gibt noch etwas Kürbiskernöl in die Suppe. Dazu 1 Scheibe Roggenbrot.

Zum Mitnehmen für Berufstätige
150 g Kürbisfleisch in Würfeln mit 100 g entsteinten und klein geschnittenen Pflaumen sowie 1 gewürfelten Apfel mischen und mit Zitronensaft, Honig und eventuell etwas Joghurt anmachen.

NACHMITTAGS Einige Kürbiskerne knabbern.

ABENDS 100 g Kürbisfleisch raspeln. 1 Zwiebel würfeln und in etwas Öl anbraten. Kürbisfleisch dazugeben. Mit $1/4$ l Gemüsebrühe auffüllen und einmal aufkochen lassen, etwas saure Sahne einrühren. zu dieser Kürbissuppe passt 1 Vollkornbrötchen.

Spezialtipps
O Die Reife eines ganzen Kürbisses können Sie testen, indem Sie an die Schale klopfen. Wenn es hohl klingt, ist er reif.
O Schön sieht es aus, wenn Sie die Kürbissuppe in einem ausgehöhlten Kürbis servieren.

Das Mittagsrezept

senkt das Cholesterin und stärkt die Nerven

Lauch

schützt Magen und Darm

Dieses Gemüse bekommen Sie das ganze Jahr über. Es ist preiswert und liefert einen wertvollen Beitrag zur gesunden Ernährung.

○ Lauch – vielfach auch Porree genannt – enthält starke ätherische Öle. Sie sind die „Polizei" von **Magen** und **Darm**. Sie bekämpfen schädliche und krank machende Bakterien und Pilze. Die sind vor allem bei jenen Menschen in großen Mengen im Verdauungstrakt vorhanden, die sich einseitig von Pommes, fetter Wurst und Co. ernähren.

○ Die schwefelhaltigen Aromastoffe im Lauch verleihen ihm die typische Schärfe. Sie fördern die Produktion der gesunden, wertvollen Darmbakterien. Damit werden die körpereigenen **Abwehrstoffe** im ganzen Organismus gestärkt.

○ Die **Darmflora** wird durch den Genuss von Lauch bestens **regeneriert** und **saniert**, zusätzlich wirkt Lauch auch harntreibend.

○ Das im Lauch enthaltene Senföl Allicin stärkt die Blase und schützt vor **Blasenentzündung** und vor **Blasenkatarrh**.

○ Lauch hält das Blut flüssig und wirkt so vorbeugend und lindernd bei **Venenbeschwerden** und **Hämorrhoiden**.

○ Lauchsaft lindert – äußerlich angewendet – auch **Hautentzündungen** und **Insektenstiche**.

○ Bei **Husten** und anderen **Atemwegserkrankungen** wirkt Lauch schleimlösend.

Die wichtigsten Inhaltsstoffe und Anwendungsbereiche

Vitamine	C, B_6, Folsäure
Mineralstoffe	Kalium, Magnesium
Spurenelemente	Eisen, Kupfer
Sonstige	Allicin
Verdauungssystem	Schützt Magen und Darm vor Bakterien und Pilzen, Sanierung der Darmflora, wirkt gegen Hämorrhoiden
Nieren und Blase	Schutz vor Blasenentzündung und Blasenkatarrh
Herz und Kreislauf	Hält das Blut flüssig
Nährwerte pro 100 g	Energie 61 kcal/256 kJ · Kohlenhydrate 14,0 g · Eiweiß 1,5 g · Fett 0,3 g · Ballaststoffe 1,8 g

Tagesplan

MORGENS 2 Tassen schwarzer Tee mit etwas Honig gesüßt. ½ Stange Lauch kleinschneiden. 2 Eier verquirlen, mit Salz würzen, den Lauch dazugeben. Alles in eine Pfanne mit etwas Fett geben und zu Rührei verarbeiten. Dazu passen 1 ½ Scheiben Roggenbrot.

VORMITTAGS 1 Becher Naturjoghurt mit etwas kleingeschnittenem Lauch verrühren und mit Salz und Pfeffer würzen.

MITTAGS 1 Stange Lauch in feine Ringe schneiden und in Öl braten. Mit 2 bis 3 EL Schmand verfeinern und mit Salz und Pfeffer würzen. Dazu 1 Putensteak braten.

Zum Mitnehmen für Berufstätige
1 Stange Lauch in sehr feine Ringe schneiden. 100 g geräucherten Lachs ebenfalls in kleine Stücke schneiden. 150 g leichten Frischkäse mit etwas Naturjoghurt verrühren, Lauch und Lachs unterheben und mit Salz und Pfeffer würzen. Die Hälfte für den Abend kühl stellen. Dazu 1 Vollkornbrötchen.

NACHMITTAGS Etwas Frischkäse mit kleingeschnittenem Lauch verrühren und auf ½ Brötchen streichen.

ABENDS Den restlichen Lauch-Lachs-Frischkäse mit 2 Scheiben Vollkornbrot servieren. Dazu 1 Tomate sowie ¼ Salatgurke in Scheiben.

Spezialtipps
O Frische und gute Qualität erkennt man an den festen grünen Blättern, den weißen Stangen und an den nur leicht trockenen Wurzeln.
O Zum Waschen der Lauchstangen schneiden Sie diese längs ein, so kann man Sand und Erde, die zwischen den Blättern sitzen, gut auswaschen.

Das Abendrezept

Mais

gut gegen Stress

Mais ist ein richtiges Powergetreide. Innerhalb 40 Minuten nach einer Mais-mahlzeit merkt man bereits die geistige und körperliche Fitness. Besonders emp-fehlenswert für Kinder, aber auch den Erwachsenen hilft er auf die Sprünge.

○ Mais ist reich am Nerven-Vitamin B_1, stärkt somit unsere **Nerven** und macht uns stressfest.

○ Mais ist ein natürliches **Beruhigungsmittel**. Unterstützt wird diese Wirkung vor allem vom Vitamin B_5.

○ Mais schützt auch vor frühzeitiger **Arterio-sklerose**, weil er uns mit Folsäure versorgt.

○ Außerdem finden wir im Mais interessante Mengen an Magnesium für **Herz** und **Kreislauf**. Die Vitamine im Mais helfen mit, einen zu hohen **Homocysteinspiegel,** ein natürliches, trotzdem giftiges Abbauprodukt, zu senken.

○ Schulkinder und Jugendliche brauchen viel **Energie**. Mais hat da einen großen Vorteil: Bereits 40 Minuten nach dem Verzehr eines Maisgerichtes zeigt sich der Erfolg. Nerven, **Gehirn** und **Muskeln** bekommen schnelle Kraft.

○ Auch für **Diabetiker** und für alle, die **ab-nehmen** wollen, ist Mais ideal: Er wird langsam verdaut und macht für lange Zeit satt. Dadurch gelangt auch sein Zucker nur sehr langsam ins Blut und übt auf die Bauchspeicheldrüse keinen Stress aus.

Die wichtigsten Inhaltsstoffe und Anwendungsbereiche

Vitamine	B_1, B_5, Folsäure
Mineralstoffe	Magnesium, Kalium
Immunsystem	Stärkt die Nerven, gut bei Stress
Herz und Kreislauf	Schutz vor Arteriosklerose, Senkung eines hohen Homocystein-spiegels
Verdauungssystem	Macht lange satt, erhöht nur langsam den Blutzuckerspiegel
Nährwerte pro 100 g	Energie 108 kcal/454 kJ · Kohlenhydrate 25,1 g · Eiweiß 3,3 g · Fett 1,3 g · Ballaststoffe 3,7 g

Tagesplan

MORGENS   2 Tassen Kaffee mit wenig Zucker. 4 EL Cornflakes ohne Zucker, 2 EL Popcorn, 1 EL Rosinen mit $1/4$ l warmer Milch übergießen, 1 TL Zuckerrrübensirup unterrühren.

VORMITTAGS   1 Hand voll Popcorn, am besten ungesalzen oder mit wenig Salz.

MITTAGS   1 EL Zwiebelwürfel in etwas Butter andünsten. 1 kleine Dose Mais sowie 1 gelbe, gewürfelte Paprika hinzugeben und mitdünsten. $1/2$ l Gemüsebrühe angießen und etwa 10 Minuten köcheln. Anschließend pürieren und ein wenig Sahne hinzugeben. Die Suppe mit Salz und Pfeffer abschmecken.

Zum Mitnehmen für Berufstätige

1 Tasse Reis in etwas Salzwasser kochen und abkühlen lassen. Mit 1 kleinen Dose Mais sowie 1 Dose Thunfisch mischen. Mit einer Marinade aus Öl, Essig, etwas Senf, Salz und Pfeffer mischen. Etwas frisch gehackte Petersilie untermengen.

NACHMITTAGS   4 bis 5 EL Cornflakes mit Milch oder Joghurt.

ABENDS   1 Maiskolben mit Butter bestreichen und mit Salz und Pfeffer würzen. In Alufolie wickeln und etwa 15 Minuten im Backofen bei 200 °C garen. Dazu passt ein grüner Salat mit Essig-Öl-Dressing.

Spezialtipps

○ Cornflakes – das sind Maisflocken – immer nur ohne Schokolade und ohne Zucker kaufen.
○ Mais ist ein ideales Getreide für alle, die das Klebereiweiß (Gluten) in Roggen, Weizen und Gerste nicht vertragen und allergisch reagieren. Mais ist – wie Hirse und Reis – glutenfrei.
○ Es macht fast immer Sinn, in Salate gekochte Maiskörner aus dem Glas zu mischen.
○ Maisgries, auch Polenta genannt, bekommt man heute schon fertig im Laden. Man muss ihn nur noch in Salzwasser kochen und kann ihn danach in Öl oder Butter braten. Eine ideale Beilage für Fleischgerichte.

Das Abendrezept

Mango

macht munter und gibt Kraft

Die Mango ist der Superstar unter den exotischen Früchten. Es gibt sie in vielen Farben, zum Beispiel grün, gelb, rot und orange, und auch geschmacklich gibt es viele Nuancen.

○ Mangos sind reich an Carotenen, sekundären Pflanzenfarbstoffen, die unsere **Haut** vor Umweltschadstoffen schützen.

○ Das Betacarotin, ebenfalls in großen Mengen vertreten, stärkt unsere **Sehkraft** und die **Atemwege**.

○ Mit Mangos bekommen wir **Nerven** wie Drahtseile, weil sie uns mit B-Vitaminen versorgen.

○ Mitunter raten Ärzte, bei **Kreislaufproblemen** Mangos zu essen. Das Vitamin B_6 aus der Mango baut den Kreislauf auf.

○ Wer Mangos isst und dann in die Sonne geht, wird schneller braun, behält die **Sonnenbräune** länger und hat zugleich einen guten Schutz gegen die schädlichen UV-Strahlen. Wer zu viel Sonne abbekommen und gerötete Haut hat, kann mit dem Essen von Mangos den **Sonnenbrand** schneller in den Griff kriegen.

○ Da der Fruchtzucker der Mango rasch ins Blut geht, bringt die Frucht **schnelle Energie**.

○ Wer regelmäßig Mangos konsumiert, sieht einfach jünger aus, ist aber auch geistig besonders fit. Mangos bremsen den **Alterungsprozess** im Körper und im Hirn.

Die wichtigsten Inhaltsstoffe und Anwendungsbereiche

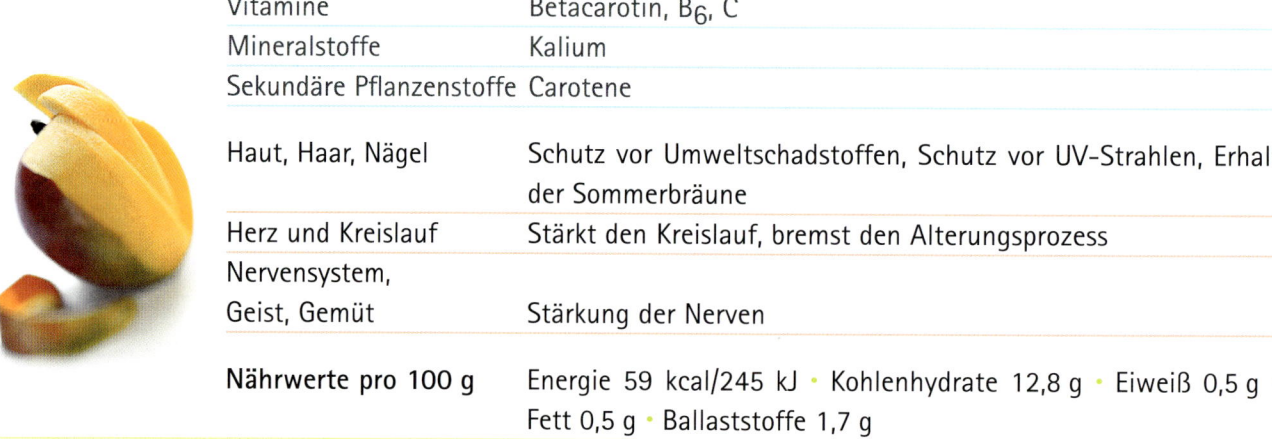

Vitamine	Betacarotin, B_6, C
Mineralstoffe	Kalium
Sekundäre Pflanzenstoffe	Carotene
Haut, Haar, Nägel	Schutz vor Umweltschadstoffen, Schutz vor UV-Strahlen, Erhalt der Sommerbräune
Herz und Kreislauf	Stärkt den Kreislauf, bremst den Alterungsprozess
Nervensystem, Geist, Gemüt	Stärkung der Nerven
Nährwerte pro 100 g	Energie 59 kcal/245 kJ · Kohlenhydrate 12,8 g · Eiweiß 0,5 g · Fett 0,5 g · Ballaststoffe 1,7 g

Tagesplan

MORGENS 2 Tassen Kaffee mit wenig Zucker. 2 Mangos und 1 Banane kleinschneiden oder pürieren, mit 2 TL Rosinen und 2 EL kleingehackten Walnüssen verrühren. 1 EL Haferflocken darüber streuen.

VORMITTAGS ½ Mango.

MITTAGS 150 g gekochte Hähnchenbrust in Würfel schneiden. ¼ Sellerieknolle weich kochen, ebenfalls in Würfel schneiden. 1 Mango schälen, entkernen und in kleine Stücke schneiden. Eine Marinade aus ½ kleinen Zwiebel, etwas Zitronensaft, Honig, Salz und Pfeffer herstellen und mit den Hähnchen-, Sellerie- und Mangowürfeln mischen. 5 EL Magerjoghurt unterheben. Eventuell dazu 1 dünne Scheibe Weizenvollkornbrot.

Zum Mitnehmen für Berufstätige
1 Mango (ca. 300 g) schälen, entkernen und in Stücke schneiden. 1 Banane schälen und in Scheiben schneiden. Beides mit 1 Becher Naturjoghurt und 1 EL Zitronensaft verrühren.

NACHMITTAGS ½ Mango.

ABENDS 1 Mango schälen, entkernen, in Stücke schneiden. 60 g Edamer in Streifen schneiden. 2 EL saure Sahne mit Salz, Pfeffer und Zitronensaft verrühren und mit den Mangowürfeln und den Käsestreifen vermischen. Den Salat auf einem Teller auf Salatblättern anrichten, mit gehackten Erdnüssen und Sojasprossen garnieren. Dazu 1 Scheibe Weizenvollkornbrot.

Das Abendrezept

Spezialtipps

○ Die Farbe der Frucht gibt Aufschluss über das Aroma und über die Süße. Die roten und orangefarbenen Mangos sind besonders süß. Die Reife erkennt man daran, dass die Frucht duftet und auf Druck leicht nachgibt.

○ Mangos sind etwas schwerer zu verarbeiten, weil der Kern nur schwer vom Fruchtfleisch zu trennen ist. Man halbiert die Mango, löst den großen Kern heraus und schabt das Fruchtfleisch mit einem Löffel heraus. Oder man schält die Frucht und schneidet das Fruchtfleisch von allen Seiten in Stücken vom Kern ab.

○ Die Mango ist übrigens die einzige Frucht, die man in Ländern, wo der Reisedurchfall droht, bedenkenlos essen kann, insofern man sie als Ganzes kauft, selbst schält und gleich verzehrt. Die Haut der Mango ist so fest, dass keine Bakterien oder andere Krankheitserreger ins Fruchtfleisch gelangen können.

macht munter und gibt Kraft

elone
entwässert und schützt vor Krebs

Zucker- und Honigmelonen sind bei uns so beliebt, weil sie nach Sommer, Sonne und Ferien schmecken. Sie sind erfrischend und versorgen uns mit allen lebenswichtigen Stoffen, die wir brauchen. Sie bestehen zu über 90 Prozent aus Wasser. Doch die restlichen 10 Prozent machen sie zu einem Lebenselixier, egal, ob Wasser-, Zucker- oder Honigmelonen.

○ Melonen sind randvoll mit den Bioaktivstoffen, denen man den Namen Carotinoide gegeben hat. Sie stärken die **Sehkraft**, die **Atemwege** und die **Immunkraft** des Menschen.

○ Eines dieser Carotinoide ist das Lycopin, wie wir es ja auch in der Tomate finden. Dieses schützt den Mann vor **Prostatakrebs**, senkt aber auch allgemein das **Krebsrisiko** im Körper von Mann und Frau.

○ Da die Wassermelone sehr wenig Natrium enthält, hat sie eine stark **entwässernde Wirkung**. Das ist sehr gut für die Nieren und fürs Bindegewebe.

○ Wassermelonen sind auch ideale Früchte für **Gicht**patienten.

○ Die Wassermelone schützt unsere **Haut** von innen her vor dem Austrocknen, hält damit unseren Teint jung und attraktiv. Außerdem schützt das Lycopin die Haut in gewisser Weise vor den schädigenden UV-Strahlen.

○ Die Kombination von Vitamin A und Vitamin C in der Wassermelone macht die Frucht zu einer wertvollen Waffe gegen **Stress** und **Arteriosklerose**.

Die wichtigsten Inhaltsstoffe und Anwendungsbereiche

Vitamine	A, C
Sekundäre Pflanzenstoffe	Carotinoide (Lycopin)
Atemwege	Stärkung der Bronchien
Immunsystem	Senkung des Krebsrisikos, vor allem von Prostata-Krebs
Nieren und Blase	Entwässert, stärkt die Nieren
Nervensystem, Geist, Gemüt	Gut bei Stress
Nährwerte pro 100 g Wassermelone	Energie 37 kcal/156 kJ · Kohlenhydrate 8,3 g · Eiweiß 0,6 g · Fett 0,2 g · Ballaststoffe 0,2 g

Tagesplan

MORGENS 2 Tassen Kaffee mit ganz wenig Sahne und Zucker. 1 Honigmelone in 2 Hälften schneiden, die Kerne herausnehmen, in die Aushöhlung der einen Hälfte etwas Heidelbeersaft oder Schwarzen Johannisbeersaft gießen und dann Saft und Melone auslöffeln. Dazu 1 Scheibe Vollkornbrot mit etwas Butter, 1 EL Honig und 3 kleingehackten Mandeln.

VORMITTAGS Die andere Hälfte der Honigmelone vom Morgen.

MITTAGS 200 g Hühnerbrust ohne Haut in etwas Gemüsebrühe gar kochen und in Würfel schneiden. 250 g Honigmelone in Würfel schneiden, 1/4 sauren Apfel, 60 g Trauben und 1/2 Pfirsich in kleine Stücke schneiden. Alles mischen. Mit einer Marinade aus 1 EL saurer Sahne, 1 EL Mayonnaise, 1 TL Honig, 1 EL Zitronensaft, etwas Salz und Pfeffer übergießen. Diesen Hähnchenobstsalat gut gekühlt mit 1 Scheibe Vollkorntoast genießen.

Zum Mitnehmen für Berufstätige

1 Zucker- oder Honigmelone in 2 Hälften schneiden, Kerne herausheben, Melone in Spalten schneiden und auf einem Teller mit 150 g gekochtem oder rohem Schinken anrichten. Melone kurz vor dem Verzehr etwas pfeffern. Dazu eventuell 1 dünne Scheibe Weißbrot.

NACHMITTAGS 200 g Honigmelone würfeln und mit 150 g Eiswürfeln, 2 TL braunem Zucker sowie 2 TL Limettensaft in einem Mixer gut mixen und in ein Longdrinkglas füllen.

ABENDS Fruchtfleisch 1/4 Wassermelone in kleine Stücke schneiden, mit 1/4 l Milch und 2 Kugeln Vanilleeis im Mixer pürieren. Mit einem Trinkhalm servieren. Dazu 2 bis 3 Vollkornkekse.

Spezialtipps

○ Kaufen Sie Melonen immer mit Einsatz Ihrer Nase: Riechen Sie oben an der hellen Stelle der Frucht. Da muss Ihnen ein angenehmer Melonengeruch entgegenströmen.

○ Der Wasseranteil von 90 Prozent macht die Wassermelone zu einem hervorragenden, aromatischen Durstlöscher, wie es unter den Früchten keinen zweiten gibt. Wer tagsüber zu wenig trinkt, kann mit der erfrischenden Wassermelone Einiges ausgleichen.

Das Frühstücksrezept

Milch und Milchprodukte
gut für die Knochen und bei Stress

Milch und die daraus hergestellten Produkte sind richtige Naturwunder. Nicht umsonst heißt es: „Die Milch macht's." Von Milch pur über Kefir, Quark, Joghurt bis hin zu Butter- und Dickmilch findet jeder seinen Favoriten.

○ Dass Milch viel Calcium enthält und dies gut für unsere **Knochen** ist, weiß wohl jeder.

○ Was aber wenige wissen: Das Calcium macht uns auch stark gegen **Stress**. Calcium ist sozusagen der Manager – der Boss – im **Gehirn** und im **Nervensystem**, wenn es gilt, bei anhaltendem Druck alles zu beruhigen. Daher sollte jeder von uns in beruflich stürmischen Zeiten oder bei privatem Stress bevorzugt Milch und Milchprodukte in den Speiseplan einbauen.

○ Schweizer Wissenschaftler haben nachgewiesen: das Milcheiweiß verhindert die **Karies**bildung bis zu 80 Prozent. Zugleich aber fördert es das Wachstum von positiven, gesundheitsfördernden Bakterien, die am Aufbau der Immunkraft im Mund beteiligt sind.

○ 250 g Joghurt am Morgen hilft bei **niedrigem Blutdruck** und auch bei **Müdigkeit** und **Erschöpfung**.

○ **Blähungen** verschwinden, wenn man morgens und abends eine Tasse Milch mit Fenchel oder Kümmel aufkocht, etwas ziehen lässt und in kleinen Schlucken trinkt.

Die wichtigsten Inhaltsstoffe und Anwendungsbereiche

Vitamine	A, B_2, B_{12}
Mineralstoffe	Calcium, Kalium, Magnesium, Phosphor
Knochen und Gelenke	Stärkt die Knochen
Nervensystem, Geist, Gemüt	Bei Stress, Müdigkeit und Erschöpfung
Verdauungssystem	Hilft bei Blähungen
Zähne	Vorbeugung von Karies
Nährwerte pro 100 g **Vollmilch**	Energie 64 kcal/269 kJ · Kohlenhydrate 4,8 g · Eiweiß 3,3 g · Fett 3,5 g · Ballaststoffe 0,0 g

Tagesplan

MORGENS   1 Tasse Kaffee mit ganz wenig Zucker und 1 Glas Frischmilch. 2 Scheiben Vollkornbrot mit je 4 EL Hüttenkäse, reichlich belegen mit ½ Salatgurke. Danach 1 Becher Naturjoghurt mit 1 EL Sanddorn-Vollfruchtsaft (Reformhaus).

VORMITTAGS   1 Banane mit wenig Vanillezucker und 250 ml Milch mixen.

MITTAGS   150 g Salatgurke schälen, grob raspeln und 250 g Kefir unterrühren. Mit Knoblauchpulver, Salz, Pfeffer und 1 Prise Zucker würzen. 1 EL gehackten Dill, 1 EL Schnittlauchröllchen, 1 EL Rapsöl und etwas Zitronensaft unterrühren. Bis zum Verzehr kühlen.

Zum Mitnehmen für Berufstätige

¼ l Milch, 1 TL Butter, 1 Prise Salz, 1 TL Zucker und 50 g Milchreis in einem Topf zum Kochen bringen, Hitze reduzieren und den Reis ausquellen lassen. Dazu Zimtzucker und frisches Obst (zum Beispiel Erdbeeren, Himbeeren).

NACHMITTAGS   1 Becher Naturjoghurt mit 2 EL Sanddorn-Vollfruchtsaft (Reformhaus).

ABENDS   2 große Pellkartoffeln mit Kräuterquark aus 250 g Magerquark, 2 EL Crème fraîche und 2 bis 3 EL gemischten TK-Kräutern.

Spezialtipps

○ Achten Sie beim Kauf von Milchprodukten auf den Fettgehalt. Joghurt, Quark, Buttermilch

Das Mitnehmrezept

etc. werden in verschiedenen Fettstufen angeboten. Wer auf die Linie achtet, greift zu den fettarmen Produkten.

○ Wer an Laktoseunverträglichkeit leidet, also den in der Milch enthaltenen Milchzucker (Laktose) nicht aufspalten kann, dem stehen inzwischen viele laktosefreie Milchprodukte im Kühlregal zur Verfügung.

○ Bevor Sie zu den bereits fertig aromatisierten Milchprodukten greifen, nehmen Sie lieber einen Naturjoghurt oder einen Quark und verrühren diesen mit frischer Frucht, Marmelade, Honig oder Saft. Das erspart Geld und schmeckt viel besser.

gut für die Knochen und bei Stress

Möhren

gut für Augen, Magen und Darm

Möhren gehören rund ums Jahr auf unseren Speiseplan. Sie sind das ganze Jahr erhältlich, sind preiswert und haben einen hohen Gehalt an Vitalstoffen.

○ Möhren liefern uns eine enorme Menge Carotinoide und Carotene, Bioaktivstoffe, die unsere **Sehkraft** stärken und die Produktion vom Sehpurpur Rhodopsin fördern. Diesen Stoff benötigen wir vor allem zum Farbensehen.

○ Die Carotinoide haben zusätzlich einen positiven Einfluss auf **Magen** und **Darm**.

○ Dachten Sie auch immer, dass es am gesündesten ist, wenn man rohe Möhren knabbert? Prof. Dr. Luke Howard an der Universität Arkansas, USA, hat im Rahmen einer Studie nachgewiesen: Gekocht oder gedünstet sind Möhren noch wertvoller für die Gesundheit. Beim Erhitzen entstehen große Mengen an Verbindungen, die den Organismus vor **Umweltschadstoffen** und **Krebsgefahr** schützen.

○ Möhren schützen bis zu einem gewissen Grad von innen her gegen zu starke **Sonnenbestrahlung**.

○ Die Carotinoide wirken auch schützend vor **Arteriosklerose**.

○ Um die fettlöslichen Wirkstoffe der Möhre optimal nutzen zu können, sollen sie immer mit etwas Fett oder Öl zubereitet werden – auch als Rohkost.

○ Da Möhren allgemein als **kräftigend** und **blutbildend** gelten, sind sie oft Bestandteil einer Frühjahrskur.

Die wichtigsten Inhaltsstoffe und Anwendungsbereiche

Vitamine	Betacarotin, A, C, B_1, B_6, Folsäure
Mineralstoffe	Kalium, Magnesium
Spurenelemente	Kupfer
Sekundäre Pflanzenstoffe	Carotinoide, Carotene
Augen	Stärkung der Sehkraft
Verdauungssystem	Hilft bei Magen- und Darmstörungen, wie zum Beispiel Durchfall
Immunsystem	Schutz vor Umweltschadstoffen und Krebs
Haut, Haar und Nägel	Schutz vor UV-Strahlung
Nährwerte pro 100 g	Energie 43 kcal/180 kJ · Kohlenhydrate 3,2 g · Eiweiß 0,9 g · Fett 0,1 g · Ballaststoffe 1,9 g

Tagesplan

MORGENS 2 Tassen grüner Tee mit etwas Honig. 2 Scheiben Vollkorntoast dünn mit Butter bestreichen und mit je 1 Scheibe Putenbrust belegen. Darauf einige Möhrenscheiben. Dazu 1 Glas Orangen-Möhrensaft.

VORMITTAGS 1 Möhre knabbern, dazu 1 kleines Stück Käse essen und ein Glas Orangen-Möhrensaft (alternativ Apfel-Möhrensaft) trinken.

MITTAGS 100 g Möhren und 1 Zwiebel schälen und kleinschneiden. In etwas Öl andünsten. 1 bis 2 TL Currypulver darüber stäuben und mit 375 ml Gemüsebrühe ablöschen. Das Ganze etwa 15 Minuten köcheln lassen. Danach pürieren, mit Crème fraîche verfeinern und mit Salz und Pfeffer abschmecken. Mit gehackter Petersilie bestreuen.

Zum Mitnehmen für Berufstätige

100 g Möhren und 1 kleinen Apfel schälen und raffeln. Mit etwas Öl, Zitronensaft und 1 EL gehackten Walnüssen mischen. Mit Salz und Pfeffer würzen. Dazu 1 Vollkornbrötchen.

NACHMITTAGS 1 Möhre knabbern, dazu 1 Glas Milch oder 1 Becher Naturjoghurt.

ABENDS 150 g Kartoffeln und 150 g Möhren schälen und reiben. 1/2 Stange Lauch in dünne Ringe schneiden. Alles mit 1 Ei, 2 bis 3 EL Semmelbrösel und 1 gehackten Knoblauchzehe mischen. Daraus kleine Frikadellen formen und in wenig Fett von beiden Seiten braten. Dazu passt ein kleiner Blattsalat.

Spezialtipps

○ Achten Sie beim Einkauf auf die Frische der Möhren. Diese erkennen Sie an deren Festigkeit und an dem frischen Grün, falls vorhanden.

○ Das Möhrengrün sollten Sie allerdings gleich nach dem Kauf abschneiden, da es den Möhren das Wasser entzieht.

Das Abendrezept

gut für Augen, Magen und Darm

üsse

bei Rheuma und schwachen Nerven

Es lohnt sich, statt Chips oder Bonbons mal Nüsse zu knabbern. Sie sind eine echte Alternative, denn unter ihrer harten Schale haben Nüsse einiges vorzuweisen.

○ Die wichtigsten Vitamine sind die Vitamine B und E. Vitamin B stärkt die **Nerven.** Vitamin E wirkt **rheumatischen Erkrankungen** entgegen und lindert **Gelenkbeschwerden**. Es schützt außerdem vor frühzeitiger **Arteriosklerose**.

○ Die Hauptmineralstoffe sind Kalium und Natrium. Kalium stärkt den Herzmuskel und Natrium ist für die Regulierung des Wasserhaushaltes im Körper mitverantwortlich. Beide Stoffe verhindern so **Herz-Kreislauf-Erkrankungen**.

○ Nüsse liefern viel Eiweiß. Die Erdnuss zum Beispiel enthält mit 26 g pro 100 g mehr Eiweiß als ein Hühnerei. Somit sind Erdnüsse gute Eiweißlieferanten für alle **Vegetarier**.

○ Das Tryptophan in der Erdnuss fördert obendrein den **guten Schlaf**.

○ Etwa 10 Macadamianüsse pro Tag senken das schädliche LDL-**Cholesterin** um etwa 15 Prozent. Das gute HDL-Cholesterin bleibt unverändert.

○ Macadamianüsse senken auch zu hohe **Blutdruckwerte**.

○ Nüsse sind zwar sehr gesund, enthalten jedoch auch viele Kalorien. Achten Sie also darauf, dass sich die Menge der verzehrten Nüsse in Grenzen hält.

Die wichtigsten Inhaltsstoffe und Anwendungsbereiche

Vitamine	B_1, B_6, E, Folsäure
Mineralstoffe	Kalium, Natrium, Magnesium
Spurenelemente	Kupfer, Zink
Sonstige	Tryptophan
Knochen und Gelenke	Bei Rheuma und Gelenkbeschwerden, wirken einer Arteriosklerose entgegen
Herz und Kreislauf	Schutz vor Herz-Kreislauf-Erkrankungen, senken hohe Cholesterinwerte, Reduzierung von Bluthochdruck
Nährwerte pro 100 g **Walnuss**	Energie 666 kcal/2.788 kJ · Kohlenhydrate 12,1 · Eiweiß 15,0 g · Fett 62,0 g · Ballaststoffe 6,1 g

Tagesplan

MORGENS   2 Tassen schwarzer Tee oder Matetee mit wenig Honig. 1 Kiwi zerdrücken, mit 1 TL Honig verrühren und auf 1 Scheibe Vollkornbrot streichen, 1 TL geröstete, gehackte Macadamianüsse darüber streuen.

VORMITTAGS   3 bis 4 Walnusskernhälften.

MITTAGS   Eine Hand voll Feldsalat und Rucola waschen und trocknen. Ein Dressing aus 1 EL Balsamicoessig, 2 EL Olivenöl, etwas Sojasauce sowie 1 gepressten Knoblauchzehe herstellen. 1 Orange schälen, in dünne Scheiben schneiden und diese dann vierteln. Den Salat mit dem Dressing mischen, die Orangen dazugeben. 1 Hand voll klein gehackte Macadamianüsse kurz in einer Pfanne rösten, immer wenden, damit sie nicht dunkel werden. Die Nüsse über den Salat streuen. Dazu 2 Scheiben Baguette.

Zum Mitnehmen für Berufstätige

3 bis 4 EL Hirseflocken in einen tiefen Teller geben, 2 geriebene süße Äpfel und ein paar Erdbeeren unterheben und das Ganze einige Minuten stehen lassen. 2 EL Honig mit 1 Becher Naturjoghurt mischen, schaumig schlagen, über die Hirseflocken gießen und mit 2 bis 3 EL kleingehackter Erdnüsse (ohne Salz) bestreuen.

NACHMITTAGS   5 bis 6 Pistazien oder Walnusshälften knabbern.

ABENDS   80 g Hirse in 1/4 l Wasser oder Gemüsebrühe einrühren und auf kleiner Flamme 20 bis 30 Minuten quellen lassen. 1/2 gehackte

Das Frühstücksrezept

Zwiebel in 1 TL Rapsöl dünsten und zur Hirse dazugeben. Gehackte Petersilie unterrühren und mit Majoran, Muskat, Pfeffer und Kräutersalz würzen. Eventuell geriebenen Käse oder Currypulver darunter mischen. Mit 1 bis 2 EL geriebenen Haselnüssen bestreuen.

Spezialtipps

○ Hände weg von Erdnussbutter. Sie ist eine echte Kalorienbombe.

○ Alte Walnüsse können ganz leicht wieder frisch gemacht werden. Hier mein Trick: Die Nüsse über Nacht in Milch legen. Man bringt sie damit zum Keimen, sie schmecken wieder frisch und sind auch gesünder.

○ Erdnüsse sind botanisch gesehen zwar Hülsenfrüchte, wegen des Namens aber hier mit aufgeführt.

bei Rheuma und schwachen Nerven

Papaya
gut für die Liebe

Die Wirkstoffe der Papaya aber sind Enzyme, die man sonst in keiner anderen Frucht findet und die im Milchsaft der Frucht produziert werden: das Papain, das Chymo-Papain und das Papaya-Lysozym. Diese Enzyme wirken antibakteriell und können Krankheitserreger ausschalten. Für den Menschen bringen diese Enzyme viele Vorteile.

○ Papayas fördern die **Eiweißverdauung**. Daher macht es Sinn, zu Fleischspeisen Papayas zu konsumieren, Blähungen und Völlegefühl werden so vermieden.

○ Papayas aktivieren die Hormonproduktion von Mann und Frau. Und da das auch auf die Sexualhormone zutrifft, werden **Liebeslust** und **Liebeskraft** gefördert.

○ Auch die **Muskelbildung** wird angeregt. Papayas gelten als „Sprit für die Muckis".

○ Papayas können im **Magen** und **Darm** Krankheitserreger ausschalten.

○ Bei einer Entzündung der **Mundschleimhaut** fördert Papaya die Heilung.

○ Frauen, die während ihrer **Monatsregel** starke Schmerzen haben, sollten an diesen Tagen täglich 2 bis 3 Papayas essen.

○ Papayas sind reich an Vitamin B_5 für **Energie** in unseren Zellen, aber auch für kräftiges, schönes **Haar**. Sie liefern uns reichlich Vitamin C für die **Immunkraft**, gegen Erkältungen und gegen Stress. Sie verfügen über viel Betacarotin für die **Sehkraft** sowie Kalium für **Nerven** und **Herz** und Calcium für unsere **Knochen**.

Die wichtigsten Inhaltsstoffe und Anwendungsbereiche

Vitamine	Betacarotin, B_5, C
Mineralstoffe	Calcium, Kalium
Enzyme	Papain, Chymo-Papain, Papaya-Lysozym
Verdauungssystem	Fördert die Eiweißverdauung, wirkt gegen Krankheitserreger im Magen und Darm, heilt Mundschleimhautentzündungen
Liebesleben	Liebeslust und Liebeskraft wird erhöht
Frauenleiden	Lindert Monatsschmerzen
Muskulatur	Fördert Aufbau der Muskeln
Nährwerte pro 100 g	Energie 39 kcal/164 kJ · Kohlenhydrate 10,0 g · Eiweiß 0,6 g · Fett 0,1 g · Ballaststoffe 0,9 g

Tagesplan

MORGENS 2 Tassen Kaffee oder Schwarztee mit ganz wenig Zucker. Ein Müsli aus 4 EL Weizenkeimflocken, 25 g Magerquark, 5 EL Milch, 1 EL gehackten Mandeln. Dazu 1 in schmale Streifen geschnittene Papaya.

VORMITTAGS 1 Papaya.

MITTAGS 150 g gegrilltes Rindersteak sowie 2 Pellkartoffeln. Dazu 200 g Kopfsalat mit Essig-Öl-Marinade. Als Dessert 1 Papaya, dünn in Scheiben geschnitten, mit 1 Becher Naturjoghurt.

> ### Zum Mitnehmen für Berufstätige
> 2 Papayas in Scheiben schneiden und mit 1 Becher Naturjoghurt und 2 EL Honig mischen. Dazu 1 Scheibe Vollkornknäcke.

NACHMITTAGS 1 Papaya mit 4 EL Hüttenkäse.

ABENDS 150 g Papayawürfel, 200 ml frisch gepressten Orangensaft, 50 g Kefir, 20 ml frisch gepressten Zitronensaft und 2 EL Honig in einem Mixer pürieren. Vor dem Servieren die Suppe kühl stellen.

Das Frühstücksrezept

Spezialtipps

○ Die Papaya wird mit einem Messer geschält und der Länge nach halbiert. Dann schabt man mit einem Esslöffel die Samenkerne aus der Frucht heraus.

○ Werfen Sie die Schale nicht weg. Reiben Sie mit der saftigen Innenseite die Haut ein. Das macht raue Haut und Hornhaut wieder glatt.

○ Gegen Altersflecken hilft es, zweimal die Woche die Haut mit dem Fruchtfleisch einer unreifen Papaya einzureiben.

○ Papayas sollten reif, aber nicht überreif sein. Man kann sie nicht lange lagern. Einmal aufgeschnitten, sollte man sie komplett verzehren.

○ Ideal sind Papayas zum Frühstück. Sie geben Kraft für den ganzen Tag.

Paprika

gut für Augen und Gehirn

Paprika wird das ganze Jahr über angeboten und leuchtet in den schönsten Farben im Gemüseregal. Die (Paprika-) Schoten sind sehr vielseitig einsetzbar und bieten darüber hinaus jede Menge gesundheitliche Vorteile.

○ Paprikaschoten liefern uns Spitzenwerte an Vitamin C gegen **Stress**situationen und **Erkältungen** und stärken die **Abwehrkräfte** mit Zink.

○ Sie stärken unsere **Gelenke** durch Vitamin E und unterstützen die **Sehkraft** mit Betacarotin.

○ Der wichtigste Wirkstoff aber ist das Capsaicin, also der Stoff, der für die Schärfe von Paprika, Peperoni und Chilis zuständig ist. Es senkt nicht nur im Magen das Risiko für das gefürchtete **Helicobacter-Pylori-Bakterium,** dem Auslöser von Gastritis und Magengeschwüren, sondern es stärkt auch **Herz** und **Kreislauf**, weil es das Blut flüssig hält und verhindert, dass sich **Thrombosen** bilden können.

○ Allein der Saft einer Paprikaschote fördert die **Gehirnarbeit**, macht geistig fit.

○ Chili – gemahlen als Cayennepfeffer bekannt – ist eine besonders kleine und scharfe Paprikaart. Chilis liefern besonders große Mengen an Capsaicin. Die schützende Wirkung für Herz und Kreislauf hält bis zu drei Stunden nach dem Verzehr an. Außerdem wirken Chilis gegen **Blähungen** und **Völlegefühl**.

Die wichtigsten Inhaltsstoffe und Anwendungsbereiche

Vitamine	Betacarotin, C, E
Mineralstoffe	Kalium
Spurenelemente	Zink
Sonstige	Capsaicin
Immunsystem	Bei Erkältungen und Stress
Knochen und Gelenke	Stärkt die Gelenke
Augen	Erhöht die Sehkraft
Herz und Kreislauf	Wirkt Thrombosen entgegen, hält das Blut flüssig
Nährwerte pro 100 g	Energie 27 kcal/113 kJ · Kohlenhydrate 6,4 g · Eiweiß 0,9 g · Fett 0,2 g · Ballaststoffe 2,0 g

Tagesplan

MORGENS 2 Tassen Kaffee mit etwas Kaffeesahne ohne Zucker. 2 Scheiben Vollkornbrot mit etwas Butter, je 1 dünne Scheibe Schnittkäse und 1 in Streifen geschnittene Paprikaschote. Zum Start in den Tag ein Elixier aus Ecuador: ¹/₂ l roten Traubensaft mit 1 Messerspitze Cayennepfeffer verrühren, in kleinen Schlucken trinken.

VORMITTAGS 1 Paprikaschote – am besten rot oder gelb – knabbern.

MITTAGS 200 g grüne Paprikaschote in Streifen schneiden, in 10 g Rapsöl mit etwas Salz und Rosmarin weich dünsten, dazu 150 g gegrilltes Krabbenfleisch. Danach 1 Grapefruit oder 2 Orangen.

Zum Mitnehmen für Berufstätige

1 grüne und 1 rote Paprikaschote in feine Streifen schneiden, 50 g frische Champignons in Scheiben schneiden. Alles mit 5 EL Schnittlauch und 5 EL Kresse mischen. 1 EL Distelöl, 1 TL scharfen Senf, 1 TL Zitronensaft, Salz, Pfeffer, Knoblauchpulver, Honig und Worcestersauce mischen und unterrühren. 150 bis 200 g verzehrfertige Königskrabben hinzugeben. Eventuell eine Scheibe Vollkornbrot dazu.

NACHMITTAGS 1 rote oder grüne Paprikaschote knabbern.

ABENDS 80 g Vollkornnudeln kochen. 1 rote Paprika, 2 Gewürzgurken und 1 kleine Zwiebel würfeln. Alles mischen und 2 EL Mais untermengen. Ein Dressing aus 2 EL Öl, 1 EL Essig, Salz, Pfeffer zubereiten und unter den Nudelsalat rühren.

Spezialtipps

○ Kauen Sie die Paprikaschoten langsam und gut. Wer trotzdem Verdauungsprobleme bekommt, kann die äußere Haut abziehen.

○ Lagern Sie Paprikaschoten nicht länger als einen Tag. Sie verlieren sehr schnell ihre Wirkstoffe.

○ Gehen Sie wegen der Schärfe mit Chilis oder Cayennepfeffer sehr sparsam um.

Das Mitnehmrezept

gut für Augen und Gehirn

Reis

entwässert und stärkt die Nerven

Reis ist nicht gleich Reis. Nur wenn die Wirkstoffe des Silberhäutchens, der äußeren Schicht des Reiskorns, noch aktiv sind, ist Reis gesundheitlich so wertvoll. Deshalb entscheiden Sie sich immer für parboiled oder Vollkornreis.

○ Reis saniert die **Darmflora**, die Welt der positiven, lebenswichtigen, schützenden Darmbakterien. Man kann ihn auch bei Zöliakie – einer Unverträglichkeit des Klebereiweißes Gluten aus Weizen, Gerste und Roggen – in den Speiseplan einbauen.

○ Wer Reis isst, tankt interessante Mengen an Magnesium für **Herz** und **Kreislauf** und an Eisen für mehr **Vitalität**.

○ Man kann mit einer Reis-Früchte-Diät zu **hohen Blutdruck** senken. Dafür an drei Tagen in der Woche 250 bis 300 g Reis mit 1000 g Obst genießen, am besten aufgeteilt in fünf Portionen.

○ Reis stärkt die **Leber** und senkt zu **hohe Cholesterin**werte.

○ Durch den hohen Anteil an B-Vitaminen stärkt Reis schwache **Nerven** und ist ein gutes Anti-**Stress**-Mittel.

○ Das Niacin im Reis macht stark gegen **Allergien**.

○ Da Reis viel Kalium, aber wenig Natrium enthält, hat er eine stark **entwässernde Wirkung**.

○ Mit Reisschleim kann man **Durchfall** und einen **Darmkatarrh** behandeln. 15 g Reis werden in 1 Liter Wasser verkocht und dann gegessen.

Die wichtigsten Inhaltsstoffe und Anwendungsbereiche

Vitamine	Niacin
Mineralstoffe	Kalium, Magnesium
Spurenelemente	Eisen
Verdauungssystem	Sanierung der Darmflora, bei Zöliakie, Durchfall und Darmkatarrh
Herz und Kreislauf	Bei zu hohem Blutdruck, senkt hohe Cholesterinwerte
Immunsystem	Wirkt gegen Allergien, stärkt die Nerven und macht stressbeständig
Nährwerte pro 100 g	Energie 349 kcal/1.459 kJ · Kohlenhydrate 78,4 g · Eiweiß 7,4 g · Fett 0,6 g · Ballaststoffe 1,4 g

Tagesplan

MORGENS 2 Tassen Kaffee mit wenig Zucker. 1 Schale selbst gemachten Milchreis mit frischem Obst nach Wahl. Dazu 1 Glas frisch gepressten Orangensaft.

VORMITTAGS 2 Reiswaffeln knabbern.

MITTAGS 125 g Brokkoli in Salzwasser garen. 1 kleine Zwiebel würfeln und in etwas Butter in einer Pfanne anschwitzen. 75 g Vollkorn-Risottoreis hinzufügen und glasig braten. Mit etwas Brühe ablöschen und nach und nach insgesamt $1/4$ l Brühe unterrühren. Immer erst dann Brühe nachgießen, wenn die gesamte Flüssigkeit vom Reis aufgenommen wurde. Wenn der Reis gar ist, den Brokkoli, 1 bis 2 EL geriebenen Parmesan sowie 50 g Kochschinkenwürfel unterrühren, mit Salz und Pfeffer würzen.

Zum Mitnehmen für Berufstätige

$1/4$ l Milch, 50 g Milchreis, 1 Prise Salz, etwas Zitronenschale und 1 TL Zucker zum Kochen bringen und anschließend bei leichter Hitze ausquellen lassen. Mit etwas Zimtzucker bestreuen und frisches Obst dazu essen.

NACHMITTAGS 1 kleine Schale Milchreis mit etwas Zimt.

ABENDS 100 g Naturreis oder parboiled Reis in knapp $1/4$ l Gemüsebrühe 20 bis 30 Minuten garen. 1 Zwiebel würfeln, in 1 EL Öl andünsten, $1/2$ rote Paprikaschote, $1/2$ Zucchini und 1 Tomate kleinschneiden und zu den Zwiebelstücken geben. Einige Minuten mitschmoren lassen.

Nun den gegarten Reis dazugeben, alles mit gehackter Petersilie, Salz, Pfeffer und Paprikapulver würzen. Dazu eventuell 150 g gebratenen Kabeljau oder Alaska-Seelachs.

Spezialtipps

○ All die gesundheitlichen Wirkungen erbringt natürlich in erster Linie der Naturreis, in dessen Silberhäutchen alle Vitalstoffe enthalten sind. Fast so wertvoll wie Naturreis ist der parboiled Reis. Bevor dieser geschält wird, werden die Vitamine und Mineralstoffe unter Wasserdampf aus der Schale in das Korn hineingepresst.

○ Reis hat wenig Kalorien. 100 g gekochter Langkornreis haben nur 123 kcal. Im Vergleich dazu: 100 g Mischbrot haben 261 kcal.

○ Garen Sie den Reis in Fleisch- oder Gemüsebrühe, somit wird er würziger.

Das Abendrezept

Salat
vertreibt Müdigkeit

Salat besteht zwar zu 95 Prozent aus Wasser, aber die restlichen fünf Prozent haben es in sich!

O Grüner Salat ist reich an Ballaststoffen und fördert dadurch die **Verdauung**. Die enthaltenen Vitamine und Mineralstoffe kräftigen das **Herz**. Er vertreibt **Müdigkeit**, stärkt die **Nerven** und verbessert gleichzeitig die **Einschlafbereitschaft** nach einem stressreichen Tag.

O Wichtig sind auch die Farben des Salats. Das Chlorophyll macht den Salat nicht nur grün, es fördert auch die Sauerstoffzufuhr zum **Gehirn** und schärft dadurch die **Konzentration.** Rote Salate wiederum enthalten Carotine, Folsäure und Bitterstoffe und sind damit eine wirksame Waffe gegen das **Altern** und zum **Entgiften**. Am besten rot und grün mischen.

O Feldsalat enthält Mineralstoffe, Vitamine und Spurenelemente in höchster Konzentration und ist somit Spitzenreiter unter den Salaten.

O Rucola – roh als Salat oder gedünstet als Gemüse – wirkt **appetitanregend** und **verdauungsfördernd**.

O Salate, die Bitterstoffe enthalten, dazu gehören zum Beispiel Endivie und Eichblattsalat, wirken positiv auf **Leber** und **Galle**. Gleichzeitig wirken sie **harntreibend**.

O Krauser Blattsalat hat eine **schleimlösende** Wirkung und hilft so bei **Atemwegserkrankungen**.

Die wichtigsten Inhaltsstoffe und Anwendungsbereiche

Vitamine	A, C, Folsäure
Mineralstoffe	Kalium, Phosphor, Eisen
Sekundäre Pflanzenstoffe	Chlorophyll, Carotine
Nervensystem, Geist, Gemüt	Bei Müdigkeit und Stress, stärkt die Nerven, verbessert die Konzentrationsfähigkeit
Verdauungssystem	Förderung der Verdauung durch Ballaststoffe
Nährwerte pro 100 g Feldsalat	Energie 14 kcal/57 kJ · Kohlenhydrate 0,7 g · Eiweiß 1,8 g · Fett 0,4 g · Ballaststoffe 1,5 g

Tagesplan

MORGENS 2 Tassen Kaffee mit etwas Zucker. 2 Scheiben Roggenbrot mit etwas Butter, Salatblättern und 2 Scheiben Kochschinken belegen. Dazu 1 Glas Möhren-Orangen-Zitronen-Saft.

VORMITTAGS ¹/₂ rote Paprika sowie einige Feldsalatblätter knabbern.

MITTAGS 3 bis 4 kleine Kartoffeln schrubben und in Spalten schneiden. In eine Plastiktüte mit etwas Rapsöl, Paprika, Pfeffer und Oregano geben und durch Schütteln marinieren. Auf ein Backblech geben und bei 200 °C etwa 30 Minuten im Backofen garen. Dazu Feldsalat mit Essig-Öl-Marinade.

Zum Mitnehmen für Berufstätige

1 gemischter Blattsalat mit 2 EL Maiskörnern und 1 gewürfelten Tomate. Dazu ein Dressing aus 2 EL Rapsöl, 1 EL Balsamicoessig, Senf, Pfeffer und Salz. Mit 1 Scheibe Roggenbrot genießen.

NACHMITTAGS 1 ¹/₂ rote Paprika sowie einige Feldsalatblätter knabbern.

ABENDS 1 Kopf Blattsalat Ihrer Wahl mit einem Dressing aus dem Saft ¹/₂ Zitrone, 3 klein gehackten Radieschen, 4 EL Dill, 2 EL Petersilie, 4 EL Distelöl, 2 EL Honig, Salz und Pfeffer. Dazu 1 Vollkornbrötchen.

Spezialtipps

○ Greifen Sie beim Einkauf von Salat lieber nicht zu den fertig gezupften, „frischeversiegel-ten" Salatmischungen im Folienbeutel. Der zerkleinerte Salat ist viel anfälliger für Mikroorganismen als ein ganzer Salatkopf.

○ Die beste Zeit für den Salatgenuss ist mittags, da der Körper ihn dann am besten verdauen kann. Der Salat zum Mittagessen ist also sehr empfehlenswert.

Das Mittagsrezept

vertreibt Müdigkeit

Sauerkraut

stärkt die Immunkraft, schützt vor Erkältungen

Im Ausland belächelt man oft die Deutschen, weil sie gern Sauerkraut essen. Die Amerikaner und Briten nennen uns daher oft die „Krauts". Ärzte und Wissenschaftler finden das super. Sauerkraut ist eine Naturarznei mit wenigen Kalorien.

○ Sauerkraut liefert große Mengen an Vitamin C, schützt damit vor **Erkältungen**, macht **stressfest** und fördert die **Fettverbrennung**. Schon 200 g Sauerkraut decken mehr als den halben Tagesbedarf an Vitamin C.

○ Sauerkraut liefert reichlich Vitamin B_{12} für **geistige Frische**, für **gute Laune**, für ein gesundes **Blut** und fürs **Herz**. Dieses Vitamin fehlt häufig bei Veganern, da es fast nur in tierischen Produkten vorkommt.

○ Sauerkraut liefert auch die Vitamine B_3 fürs **Gehirn**, B_6 für die **Eiweißverdauung** und Folsäure für **Herz** und **Kreislauf**.

○ Sehr wichtig: Sauerkraut ist randvoll mit Milchsäurebakterien. Sie stärken die **Darmflora**, die Welt der gesundheitsfördernden, positiven Bakterien im Darm, und bekämpfen krankheitsfördernde Bakterien. Und damit wirkt das Sauerkraut auch am Aufbau der **Immunkraft** mit, die ja zu 70 Prozent im Darm gefestigt wird.

○ Neu entdeckt haben finnische Wissenschaftler: Im Sauerkraut stecken Substanzen mit dem Namen Isothiocyanate. Sie senken das **Krebsrisiko** in Brust, Darm, Lunge und Leber.

Die wichtigsten Inhaltsstoffe und Anwendungsbereiche

Vitamine	C, B_3, B_6, B_{12}, Folsäure
Mineralstoffe	Kalium, Calcium, Magnesium
Spurenelemente	Eisen
Sonstige	Milchsäurebakterien, Isothiocyanate
Immunsystem	Schutz vor Erkältungen, senkt das Krebsrisiko
Verdauungssystem	Verbesserung der Fett- und Eiweißverdauung, Stärkung der Darmflora
Nervensystem, Geist, Gemüt	Verbessert die Laune, steigert die Hirntätigkeit
Nährwerte pro 100 g	Energie 17 kcal/70 kJ · Kohlenhydrate 0,8 g · Eiweiß 1,5 g · Fett 0,3 g · Ballaststoffe 2,2 g

Tagesplan

MORGENS   2 Tassen Pfefferminztee mit je $1/2$ TL Honig und $1/8$ l Möhrensaft. 2 Scheiben Vollkornbrot mit 50 g Hüttenkäse, bestreut mit 2 EL kleingeschnittenem Schnittlauch. Dazu 2 Gabeln rohes Sauerkraut, vermischt mit einem geraffelten Apfel oder mit einer gekochten, geraffelten Roten Bete.

VORMITTAGS   2 Gabeln rohes Sauerkraut.

MITTAGS   Sauerkrautgemüse: 1 Zwiebel in 1 EL Distelöl andünsten. 250 g Sauerkraut dazugeben. Mit 1 Tasse Wasser oder Gemüsebrühe auffüllen und bei geringer Wärmezufuhr weich kochen. Mit 1 Gabel rohem Sauerkraut obenauf servieren.

Zum Mitnehmen für Berufstätige

200 g rohes Sauerkraut kleinschneiden, mit 100 ml frisch gepresstem Orangensaft verrühren, $1/2$ Apfel raffeln und dazugeben und mit Salz würzen. Dazu 1 Scheibe Vollkornbrot oder Mischbrot.

NACHMITTAGS   2 Gabeln rohes Sauerkraut.

ABENDS   100 g gedünstetes Sauerkraut mit 1 EL Rosinen mischen, dazu $1/2$ geräucherte Putenbrust oder 200 g gegrillte Forelle und 2 Pellkartoffeln.

Spezialtipps

○ Kauen Sie das rohe Sauerkraut intensiv und lange.

○ Sauerkraut vor dem Zubereiten nicht waschen. Es gehen zu viele Vitamine und Mineralstoffe verloren.

○ Am besten kaufen Sie Bioware. Dann haben Sie die Sicherheit, dass keine Schadstoffe und nicht zu viel Salz enthalten sind.

○ Sauerkraut muss 20 bis 25 Minuten sanft gegart werden, lassen Sie es jedoch nicht verkochen.

○ Zum rohen Sauerkraut immer ein paar Tropfen Rapsöl dazugeben.

○ Wenn Sie beim Verzehr von Sauerkraut zu leichten Blähungen neigen, sollten Sie ausschließlich erhitztes Sauerkraut zu sich nehmen. Oder würzen Sie das Kraut mit Fenchel, Kümmel, Majoran oder Thymian.

Das Frühstücksrezept

Schokolade
macht glücklich

Genießen Sie Schokolade ohne schlechtes Gewissen. Achten Sie dabei auf die Qualität und bevorzugen Sie Schokolade mit einem hohen Kakaogehalt, mindestens 70 Prozent.

○ Das Phenyl-Ethyl-Amin in der Schokolade ist eine Substanz, die im Gehirn die Produktion von **Glückshormonen** anregt.

○ Außerdem haben Wissenschaftler in den letzten Jahren in Schokolade eine Substanzgruppe entdeckt, die schon aus Rotwein und Tee wertvollere Nahrungsmittel macht, die Polyphenole beziehungsweise Flavonoide. Sie gelten als „Herzschutzstoffe", weil sie aggressive Sauerstoffmoleküle entschärfen und so der Verstopfung der Adern vorbeugen sollen. Eine halbe Tafel Schokolade enthält etwa so viele Flavonoide wie ein Glas Rotwein. Und das ganz ohne Alkohol.

○ Und in der letzten Zeit sind viele Studien veröffentlicht worden, die nachweisen: Schokolade – in erster Linie jene mit einem hohen Kakaoanteil von 70 oder 80 Prozent – stärkt **Herz** und **Kreislauf**, weil sie den Schutzstoff Resveratrol enthält. Schon ein kleines Stück Schokolade hält für Stunden unser **Blut** flüssig.

○ Das Theobromin im Kakao hat eine ähnlich **anregende Wirkung** wie Coffein, allerdings schwächer. Es ist auch für die Stimmungsaufhellung zuständig. Hunde können diese Substanz übrigens sehr schlecht abbauen, daher kann Schokolade für sie tödlich sein.

○ Bei einigen Menschen kann Kakao Kopfschmerzen oder Migräne verursachen.

Die wichtigsten Inhaltsstoffe und Anwendungsbereiche

Sekundäre Pflanzenstoffe	Polyphenole, Flavonoide, Resveratrol
Sonstige	Phenyl-Ethyl-Amin
Herz und Kreislauf	Hält das Blut flüssig und stärkt dadurch Herz und Kreislauf, wirkt Arteriosklerose entgegen
Nervensystem, Geist, Gemüt	Macht gute Laune
Nährwerte pro 100 g dunkle Schokolade	Energie 500 kcal/2.100 kJ · Kohlenhydrate 54,2 g · Eiweiß 6,0 g · Fett 27,8 g · Ballaststoffe 9,2 g

Tagesplan

MORGENS 2 Tassen Kaffee mit wenig Zucker. 1 Schüssel Haferflocken und 25 g geriebene dunkle Schokolade mit Milch. Dazu 1 Glas frisch gepressten Orangensaft.

VORMITTAGS 1 Tasse Kakao mit wenig Zucker sowie 2 bis 3 Vollkornkekse.

MITTAGS 1 Eigelb mit 2 EL Zucker schaumig rühren. 1/8 l Milch mit 20 g Speisestärke anrühren. 50 g dunkle Schokolade in Stücke brechen und in 1/8 l Milch zum Kochen bringen. Speisestärke einrühren, Topf vom Herd nehmen und die Eimischung unterheben. Zu dem Pudding passen frische Früchte, zum Beispiel Erdbeeren.

Zum Mitnehmen für Berufstätige
1 Banane würfeln und mit Zitronensaft beträufeln. 30 g dunkle Schokolade hacken und mit 1 EL gemahlenen Mandeln unter die Banane mischen. Dazu 1 Vollkornbrötchen essen.

NACHMITTAGS 1 Grapefruit und 2 kleine Rippen dunkle Schokolade (70 Prozent Kakaoanteil).

ABENDS Obstsalat aus 1 Orange, 1 Apfel, 1 Kiwi, 1 Banane und 25 g gehackter dunkler Schokolade. Anschließend 1 Tasse warmen Kakao.

Spezialtipps
○ Setzen Sie an diesem Tag keine Milchschokolade ein, wenn sie auch noch so köstlich schmeckt. Sie ist sehr fett und hat nicht den gesundheitlichen Effekt wie dunkle Schokolade mit einem Kakaoanteil von 70 bis 80 Prozent.
○ Achten Sie beim Schokoladengenuss auf Qualität. Dunkle zartbittere Schokolade ist wegen des höheren Kakaogehaltes besser. Denn im Kakao stecken die „Glückshormonvorläufer" und „Herzschutzstoffe". Milchschokolade oder gar weiße Schokolade enthalten viel mehr Fett und Zucker.

Das Mitnehmrezept

Seefisch
schützt vor Herzinfarkt und Schlaganfall

Meeresfische haben im Rahmen der gesunden Ernährung einen sehr hohen Stellenwert. Ganz besonders trifft das auf Fische zu, die in tiefen, kalten Gewässern leben. Sie sind mit besonders großen Mengen hochwertigem Fischöl ausgestattet, damit sie vor der Kälte des Wassers geschützt sind. Die Omega-3-Fettsäuren im Fischöl haben aber nicht nur für die Fische, sondern auch für den Menschen eine besondere Bedeutung.

○ Die Omega-3-Fettsäuren stärken **Herz** und **Kreislauf**. Sie helfen, **Herzinfarkt** und **Schlaganfall** zu verhindern.

○ Außerdem senken sie nicht nur zu **hohe Cholesterin**werte, sondern auch zu **hohe Blutdruck**werte, weil sie die Blutgefäße elastisch machen und das Blut flüssig halten.

○ Omega-3-Fettsäuren können auch **rheumatische Beschwerden** lindern.

○ Die im Fisch enthaltenen Spurenelemente Zink und Selen stärken unser **Immunsystem.**

○ Und das Jod im Seefisch stärkt die **Schilddrüse**, macht damit vital, aktiv und beugt **Müdigkeit** vor.

○ Fisch wirkt auch beruhigend auf unser **Nervensystem**. Bei Stress und Nervosität und sogar bei Verspannungskopfschmerz sollte es also häufiger Fischgerichte geben.

Die wichtigsten Inhaltsstoffe und Anwendungsbereiche

Vitamine	D
Spurenelemente	Jod, Selen, Zink
Sonstige	Omega-3-Fettsäuren
Herz und Kreislauf	Verhindert Herzinfarkt und Schlaganfall, senkt hohe Cholesterinwerte und hohen Blutdruck
Knochen und Gelenke	Bei Rheuma
Immunsystem	Macht uns widerstandsfähiger
Hormonsystem	Stärkt die Schilddrüse
Nährwerte pro 100 g **Makrele**	Energie 180 kcal/751 kJ · Kohlenhydrate 0,0 g · Eiweiß 18,8 g · Fett 11,6 g · Ballaststoffe 0,0 g

Tagesplan

MORGENS   2 Tassen Lindenblütentee mit 2 TL Honig. 2 Scheiben Vollkorntoast oder Vollkornknäcke mit 25 g geräuchertem Makrelenfilet und 2 Paprikaschoten, rot und gelb, danach 1 Naturjoghurt.

VORMITTAGS   1 Matjes mit einer superdünnen Scheibe Pumpernickel.

MITTAGS   150 g Lachs einige Minuten in siedendem Zitronenwasser kochen. 150 g Blattspinat mit Pfeffer, Salz, wenig Muskat würzen und in Distelöl schwenken. Dazu 2 Pellkartoffeln.

Zum Mitnehmen für Berufstätige
4 Scheiben Vollkorntoast mit 2 EL Sahne-Meerrettich (Glas) bestreichen, mit 100 g Räucherlachs belegen, mit etwas Zitronensaft beträufeln und eventuell ein paar Kapern darauf streuen. Jeweils 2 Brote aufeinander legen. Danach 1 Mandarine oder Orange.

NACHMITTAGS   1 Rollmops und 1 Scheibe Vollkorntoast.

ABENDS   150 g Alaska-Seelachs waschen, salzen, pfeffern, mit Paprikapulver bestreuen und mit Zitronensaft beträufeln. 150 g Sommergemüse (Tiefkühlware) in einen Topf geben, dünsten und den Seelachs darauf legen. Mit 1 EL Tomatenmark bestreichen und 10 g Butterflocken darauf geben. Geriebene Salbeiblätter darüber streuen. Zugedeckt im Backofen etwa 1 Stunde bei niedriger Temperatur garen.

Das Mittagsrezept

Spezialtipps
○ Achten Sie auf Frische: die Augen müssen noch glänzend sein und nach einem Fingerdruck in den Fisch muss die Delle sofort wieder verschwinden. Das sind wichtige Beweise, dass der Fisch frisch ist.

○ Vorsicht beim Einsatz von Muskat. Die Muskatnuss nur einmal über die Reibe führen. Zuviel Muskat kann zu Schwindelanfällen und Halluzinationen führen.

○ An so einem Fischtag müssen Sie besonders darauf achten, dass Sie im Laufe des Tages 1 bis 2 Liter Wasser trinken, sofern Sie herz- und nierengesund sind. Unsere Großmütter haben schon gesagt: „Fisch muss schwimmen."

○ Matjes und Bismarckhering sollten so rasch wie möglich verzehrt werden, weil die Marinade nur kurze Zeit haltbar ist.

schützt vor Herzinfarkt und Schlaganfall

Sellerie
erhält uns die Sommerbräune

Sellerie ist eine uralte Natur- und Kulturpflanze. Bereits im Mittelalter wurde Sellerie in Europa angebaut. Schon damals wurde ihm eine aphrodisierende Wirkung zugeschrieben.

○ Sellerie liefert viel Kalium, das hilft gegen **Stress** und dadurch werden Probleme leichter gemeistert.

○ Sellerie verhilft Ihnen, Ihre **Sommer-** oder **Urlaubsbräune** länger zu erhalten, denn er enthält bräunende Phenolsubstanzen.

○ Aufgrund seiner zahlreichen Mineralstoffe und Spurenelemente kann Sellerie gegen **Gicht**, **Rheuma** und **Blasenentzündung** eingesetzt werden. Er hilft zudem bei **Verdauungsstörungen** und **Appetitmangel**.

○ Sellerie fördert die **Liebeslust** und kann die **Potenz** des Mannes stärken. Dies bewirken vor allem die ätherischen Öle.

○ Gegen **Tränensäcke** am Morgen hilft ein Glas Selleriesaft.

○ Selleriesaft ist auch ein gutes Mittel bei **Mundentzündungen** und **Halsschmerzen**.

○ In Kombination mit Möhrensaft wirkt Selleriesaft auch **beruhigend**.

○ Sellerie hat eine **stärkende**, **blutreinigende** Wirkung. Zudem ist er **harntreibend** und **entwässert** den Körper. Er ist also optimal für eine kleine Kur zwischendurch.

Die wichtigsten Inhaltsstoffe und Anwendungsbereiche

Vitamine	C, B_6
Mineralstoffe	Kalium, Phosphor, Magnesium
Spurenelemente	Eisen
Sonstige	Phenolsubstanzen
Nervensystem, Geist, Gemüt	In Stress- und Problemsituationen
Haut, Haare und Nägel	Erhält die Sommerbräune, wirkt gegen Tränensäcke
Knochen und Gelenke	Bei Gicht und Rheuma
Liebesleben	Stärkt die Potenz des Mannes und fördert die Liebeslust
Nährwerte pro 100 g **Knollensellerie**	Energie 18 kcal/77 kJ · Kohlenhydrate 2,2 g · Eiweiß 1,6 g · Fett 0,2 g · Ballaststoffe 2,6 g

Tagesplan

MORGENS 2 Tassen schwarzer Tee mit etwas Honig. Rohkostsalat aus 100 g Möhre, 50 g Sellerie, 50 g Apfel, ½ Becher Naturjoghurt, 1 EL Honig und etwas Zitronensaft. Dazu 1 Scheibe Vollkorntoast.

VORMITTAGS 1 Stange Staudensellerie knabbern.

MITTAGS 3 bis 4 Selleriescheiben (½ cm dick) mit Salz und Pfeffer würzen. 1 EL Petersilie, 1 TL Thymian mit Semmelbrösel und 1 EL geriebenem Parmesan mischen. 1 Ei auf einem Teller verquirlen und einen zweiten Teller mit Mehl bereitstellen. Selleriescheiben in Mehl, verquirltem Ei und den Brösel wenden. In heißem Öl von beiden Seiten braten. Dazu passt ein frischer Salat.

Zum Mitnehmen für Berufstätige
150 g Sellerie und 1 großen Apfel schälen und raspeln. Mit Zitronensaft mischen. 50 g Walnusskerne hacken und untermischen. Dressing aus 50 g Crème fraîche, etwas Zitronensaft, Salz und Pfeffer untermischen. Dazu 1 Roggenbrötchen.

NACHMITTAGS 1 Stange Staudensellerie knabbern.

ABENDS 100 g Sellerie und ½ Zwiebel würfeln. Die Zwiebel in etwas Öl andünsten. Selleriewürfel zugeben und mitdünsten. Mit ¼ l Gemüsebrühe ablöschen und 15 Minuten köcheln. Anschließend pürieren, mit Salz, Pfeffer und Muskat würzen, eventuell mit ein wenig Sahne verfeinern.

Das Mittagsrezept

Spezialtipps
○ Beim Kochen behält Knollensellerie seine weiße Farbe, wenn Sie dem Wasser etwas Zitronensaft zufügen.
○ Frischen Stangensellerie (auch Bleichsellerie genannt) erkennen Sie an seinen knackigen Stangen und an den grünen Blättern.
○ Benötigen Sie nicht die gesamte Sellerieknolle, so reiben Sie die Schnittfläche mit Zitronensaft ein und wickeln die Knolle fest in Klarsichtfolie ein. Auf diese Weise bekommt sie keine braunen Flecken an der Schnittfläche.

erhält uns die Sommerbräune

Senf

fördert die Verdauung

Die Bedeutung von Senf in unserer täglichen Ernährung wird schwer unterschätzt. Senf gehört zu den Pflanzen, die mit ihren schwefelhaltigen Ölen eine halbe Hausapotheke ersetzen können.

○ Senf enthält das Glykosid Sinigrin und das Alkaloid Sinaprin, viele andere heilsame ätherische Öle, Schleimstoffe und auch Linolsäure. Senf aktiviert in unserem Körper zahllose Enzyme.

○ Er hat beste **antibakerielle Eigenschaften** und fördert die **Verdauung**, indem er den Speichelfluss vermehrt, die Produktion von Magensäften fördert, die Aktivität der Gallenflüssigkeit anregt und die Durchblutung von Leber und Darm verbessert. Senf ist also ein optimaler Begleiter von schweren Speisen, wie zum Beispiel der Schweinshaxe, aber auch bei allen fetthaltigen Lebensmitteln wie Salami.

○ Senf wirkt entspannend bei **Blähungen**, **Gallenkolik** und **Verstopfung**.

○ Er hilft bei **Kreislaufschwäche** und stärkt die Atemwege bei **Schnupfen** und **Bronchitis**.

○ Senfmehl – Sie bekommen es in der Apotheke – hilft bei **Stirnhöhlenentzündungen**. Dafür geben Sie $1/2$ Teelöffel Senfmehl in ein Stofftaschentuch oder Leinensäckchen und befeuchten es leicht mit warmem Wasser. Kurz auf die Stirn tupfen. Passen Sie aber gut auf Ihre Augen auf – Senfmehl brennt höllisch.

○ 2 Esslöffel Senfmehl auf 5 Liter warmes Wasser ist übrigens eine gute Hilfe gegen **kalte Füße**. Aber nach 2 bis 3 Minuten müssen Sie das Bad beenden – Senfmehl reizt die Haut.

Die wichtigsten Inhaltsstoffe und Anwendungsbereiche

Sonstige	Sinigrin, Sinaprin, Linolsäure, Schleimstoffe, ätherische Öle
Verdauungssystem	Fördert die Verdauung, regt Magen, Galle, Leber und Darm an, wirkt Blähungen, Gallenkoliken und Verstopfungen entgegen
Herz und Kreislauf	Bei Kreislaufschwäche
Atemwege	Hilft bei Schnupfen und Bronchitis
Nährwerte pro 100 g	Energie 102 kcal/425 kJ · Kohlenhydrate 5,3 g · Eiweiß 5,9 g · Fett 6,3 g · Ballaststoffe 0,0 g

Tagesplan

MORGENS 2 Tassen Kaffee mit wenig Zucker. 1 Scheibe Vollkorntoast mit Senf bestreichen und mit 1 Scheibe Kochschinken belegen. Darauf 2 TL fettarmen Kräuterfrischkäse und 2 Tomatenscheiben. Mit 1 weiteren Scheibe Toast bedecken.

VORMITTAGS 50 g Naturjoghurt mit 1 TL Senf, Salz und Pfeffer verrühren. 1 Frühlingszwiebel in feine Ringe schneiden und unterheben. Mit frischen Gemüsestreifen, zum Beispiel Möhren oder Kohlrabi, oder auch mit Apfel genießen.

MITTAGS 1 Kopf grüner Salat mit einem Dressing aus folgenden Zutaten: 4 EL Joghurt, 1 EL Essig, 1 EL Öl, 1 TL Senf, etwas Zucker, Salz und Pfeffer. Dazu gebratene Putenbruststreifen.

Zum Mitnehmen für Berufstätige
2 Scheiben Vollkornbrot mit Senf bestreichen, mit jeweils 100 g Roastbeef belegen. Obenauf Tomatenscheiben legen. Dazu eine halbe Salatgurke in Scheiben.

NACHMITTAGS 1 hart gekochtes Ei mit Senf.

ABENDS 1 Knoblauchzehe hacken und in Öl anbraten. Mit $1/4$ l Brühe aufgießen. 1 EL Senf hinzugeben und die Suppe mit etwas Sahne oder Crème fraîche verfeinern. Mit Salz und Pfeffer abschmecken.

Spezialtipps
○ Eine Scheibe Vollkornbrot, dick mit Senf bestrichen, ist eine gute Naturarznei zum Stärken des Kreislaufs und zum Aktivieren des Stoffwechsels. Und bei den vielen Senfsorten auch geschmacklich sehr abwechslungsreich.
○ Vorsicht: Wer beim Senf übertreibt, handelt sich leicht eine Gastritis ein.

Das Vormittagsrezept

fördert die Verdauung

oja
schützt vor Krebs

Die Sojabohne ist eines der wichtigsten Lebensmittel der Welt. In Asien ist sie ein Grundnahrungsmittel. Man konsumiert Soja als Tofu, als Sprossen, in Form von Milch, Joghurt oder Dessert und als Sauce.

○ Die ungesättigten Fettsäuren in der Sojabohne senken zu hohe **Cholesterin**werte.

○ Das hochwertige pflanzliche Eiweiß macht stark gegen **Stress**. Dazu kommt noch die Wirkung des Lecithins aus der Sojabohne, das ebenfalls stressfest und **geistig fit** macht.

○ Wissenschaftlich nachgewiesen ist auch, dass Sojaproteine im Körper des Menschen zu hochwirksamen Anti-Krebs-Substanzen werden, die vor allem vor **Brustkrebs**, **Gebärmutterkrebs** und **Prostatakrebs** schützen.

○ Bei Frauen in den **Wechseljahren** können Inhaltstoffe des Sojas, die Phyto-Östrogene, die negativen Kurz- und Langzeiteffekte der hormonellen Veränderung deutlich lindern. Studien haben gezeigt, daß 40 g zusätzlich aufgenommenes Sojaprotein am Tag den **Mineralgehalt in der Wirbelsäule** verbessern und auch Symptome wie **Hitzewallungen** lindern kann.

○ Und die Isoflavone in der Soja haben eine Schutzfunktion für das **Herz**.

Die wichtigsten Inhaltsstoffe und Anwendungsbereiche

Vitamine	B_1, B_2, B_3, Folsäure
Mineralstoffe	Kalium, Magnesium, Eisen, Phosphor
Spurenelemente	Kupfer, Eisen, Zink
Sonstige	Lecithin
Herz und Kreislauf	Bei zu hohen Cholesterinwerten
Immunsystem	Schützt vor Brustkrebs, Gebärmutterkrebs und Prostatakrebs, stärkt in Stresssituationen
Hormone	Lindert Wechseljahresbeschwerden
Nährwerte pro 100 g Sojabohne	Energie 339 kcal/1.424 kJ · Kohlenhydrate 6,3 g · Eiweiß 37,6 g · Fett 18,3 g · Ballaststoffe 21,9 g

Tagesplan

MORGENS 2 Tassen grüner, ungesüßter Tee. 2 Scheiben Walnussbrot oder Vollkornbrot mit Ketchup oder Senf bestreichen, auf jede Scheibe ein großes, knackiges Salatblatt legen, darauf dünn geschnittene Gurkenscheiben und alles mit jeweils 3 bis 4 Sojasprossen garnieren. Ein wenig salzen und pfeffern. Dazu 1 Glas Sojamilch.

VORMITTAGS 1 Tasse grüner Tee, 1 Packung (125 g) Dessert auf Sojabasis.

MITTAGS 1 Hähnchenbrustfilet in dünne Streifen schneiden und im Wok oder in einer großen Pfanne in Sesamöl anbraten. Eine Packung Wokgemüse (aus dem Tiefkühlfach) hinzugeben und unter Rühren gar braten. Anschließend mit Sojasauce und etwas asiatischer Chilisauce würzen. Dazu passt Basmatireis.

Zum Mitnehmen für Berufstätige

100 g Sojabohnensprossen mit kaltem Wasser abbrausen und in kochendem Wasser etwa 5 Minuten garen, in ein Sieb abschütten und abschrecken. Ein Dressing aus 1 EL Sesamöl, 1 EL Sojasauce, 2 TL gerösteten Sesamsamen, Salz und Pfeffer herstellen und unter die Sprossen mischen.

NACHMITTAGS 1 Glas Sojamilch, dazu 1 Reiswaffel knabbern.

ABENDS 150 g Tofu mindestens 1 Stunde in einer Marinade aus folgenden Zutaten einlegen: 2 EL Sojasauce, 2 EL Sesamöl, 2 EL Balsamicoessig, 1 TL Koriander, 1 EL geröstete Sesamsamen. Anschließend in der Pfanne von beiden Seiten braten. Dazu passt ein Blattsalat.

Spezialtipps

○ Soja gibt es als ganze Bohnen zu kaufen, aber auch als Schrot, zum Beispiel fürs Müsli.

○ In Reformhäusern und inzwischen auch in vielen Supermärkten gibt es eine Reihe verarbeiteter Sojaprodukte: Sojawürstchen, Bratlinge, Tofu, Sojamilch, Drinks und Süßspeisen.

○ Da Soja für Vegetarier ein wichtiger Eiweißlieferant ist, nennt man die Bohnen auch das „Fleisch vom Strauch".

Das Mittagsrezept

Sonnenblumenkerne und Co.

Klein, aber oho – muss man hier sagen. Die kleinen Kraftpakete haben es ganz schön in sich. Reich an Vitaminen, Mineralstoffen, Spurenelementen und wertvollen Ölen, sind sie wichtig für eine gesunde, vitale Ernährung.

○ Wer regelmäßig Sonnenblumenkerne konsumiert, hat schönere **Haare**, gesündere **Haut** und festere **Nägel**.

○ Sonnenblumenkerne enthalten Linolensäure, eine Fettsäure, die den **Cholesterinwert** im Blut senken kann.

○ Knabbern Sie jeden Tag 2 bis 3 Esslöffel grüne, weichschalige Kürbiskerne. Die darin enthaltenen Wirkstoffe Sitosterin und Delta-7-Sterole bauen die Immunkraft der **Blase** auf und beugen somit einem **Blasenkatarrh** vor.

○ Nach einer Studie der Freien Universität Berlin können die Wirkstoffe der Kürbiskerne die Entstehung einer gutartigen **Prostatavergrößerung** bei Männern bremsen, zum Teil sogar verhindern.

○ Die Wirkstoffe in den Kürbiskernen stärken die Blase und können daher gegen eine **Reizblase** eingesetzt werden oder einer später drohenden **Harninkontinenz** vorbeugen.

○ Pinienkerne enthalten reichlich Eisen, wichtig für die **Blutbildung,** sowie Zink für die **Immunabwehr**.

○ Leinsamen enthält wertvolle Lignane, Phyto-Östrogene, die jenen des menschlichen Organismus ähnlich sind. Daher kann Leinsamen helfen, **Wechseljahrbeschwerden** zu reduzieren.

Die wichtigsten Inhaltsstoffe und Anwendungsbereiche

Vitamine	A, D, E, K, B_1, B_6
Mineralstoffe	Phosphor, Kalium
Spurenelemente	Eisen, Zink
Sekundäre Pflanzenstoffe	Sitosterin, Delta-7-Sterole, Lignane
Nieren und Blase	Stärkung der Blase vor einem Blasenkatarrh, gegen Reizblase, Vorbeugung einer Harninkontinenz
Frauenleiden	Minderung von Wechseljahrbeschwerden
Nährwerte pro 100 g Sonnenblumenkerne	Energie 596 kcal/2.495 kJ · Kohlenhydrate 12,3 g · Eiweiß 26,5 g · Fett 49,0 g · Ballaststoffe 6,3 g

Tagesplan

MORGENS 2 Tassen Kaffee mit etwas Honig gesüßt. Ein Müsli aus 3 bis 4 EL gemischten Vollkornflocken, 1 EL Sonnenblumenkernen, 1/2 EL Leinsamen, 1 EL Rosinen, 1 kleingeschnittenen Apfel sowie Milch.

VORMITTAGS 1 TL Sonnenblumenkerne kauen oder in 1 Becher Naturjoghurt verrührt essen.

MITTAGS 1 Schüssel gemischten Blattsalat mit folgendem Dressing: 3 EL Kürbiskernöl, 2 EL Balsamicoessig, Salz und Pfeffer. 2 EL Kürbiskerne und 1 EL Sonnenblumenkerne auf den Salat streuen. Dazu 2 Scheiben Vollkornbaguette.

Zum Mitnehmen für Berufstätige

1 Kürbiskernbrötchen mit 1 Salatblatt, 2 Scheiben Putenbrust, 2 Tomatenscheiben, etwas Senf und Ketchup sowie einigen Kürbiskernen belegen. Dazu 1 Becher Naturjoghurt mit 1 TL Leinsamen.

NACHMITTAGS 1 EL Sonnenblumenkerne knabbern, dazu 2 rohe Möhren, gut kauen.

ABENDS 1/2 Bund Basilikum, 2 bis 3 EL Pinienkerne, 2 bis 3 EL geriebenen Parmesan, 1/2 Knoblauchzehe sowie Salz und Pfeffer in einem Mörser zu einem Pesto verarbeiten. Auf geröstete Vollkornbaguettescheiben streichen und genießen.

Spezialtipps

○ Wer zum Winterende hin regelmäßig Sonnenblumenkerne kaut, kann sich vor Frühjahrsmüdigkeit schützen.

○ Wer zum Fernsehen unbedingt naschen will, sollte Sonnenblumen- oder Kürbiskerne knabbern. Sie sind eine gesunde Alternative. Aber achten Sie auf den Fettgehalt.

○ Durch leichtes Anrösten in der Pfanne ohne Fett bekommen Kerne ein ganz besonderes Aroma.

Das Abendrezept

Spargel

gut für Hirn und Liebe

Bringen Sie heimischen Spargel auf den Teller: Er hat mehr Wirkstoffe, denn er ist schneller vom Feld auf dem Tisch. Wird Spargel von weither transportiert, baut dieses sensible Gemüse ganz schnell seine Vitalstoffe ab.

○ Spargel liefert Magnesium, Kupfer, Folsäure und Vitamin E. Damit werden **Herz** und **Kreislauf** gestärkt, das frühzeitige Altern von **Haut** und **Sehkraft** gebremst. Spargel ist reich an Kalium. Dadurch werden **Nieren** und **Harnwege** durchgespült und die **Verdauung** verbessert.
○ Der Hauptwirkstoff im Spargel ist die Aminosäure Asparagin. Asparagin regt die Nieren an und aktiviert **Leber** und **Galle**. Der Stoffwechsel und der Abtransport von **Umweltgiften** aus dem Körper werden gefördert.
○ Asparagin ist ein Stoff, der uns fit macht, auch für die Liebe. Die **Libido**wirkung ist aber auch auf die Spurenelemente Zink und Molyb-

dän zurückzuführen, von denen der Spargel reichlich enthält.
○ Spargel stärkt die **Nerven** und unterstützt so die **Konzentration**. Zusätzlich aktiviert er in unserem Gehirn die Bildung von **Glückshormonen**.
○ Spargel ist eine der kalorienärmsten Gemüsesorten. 100 g haben nur 17 Kalorien. Außerdem enthält Spargel das Spurenelement Chrom. Und das **bremst den Hunger**.

Die wichtigsten Inhaltsstoffe und Anwendungsbereiche

Vitamine	A, E, Folsäure
Mineralstoffe	Kalium, Magnesium
Spurenelemente	Kupfer, Chrom, Molybdän, Zink
Aminosäuren	Asparagin
Verdauungssystem	Förderung der Verdauung, Entschlackung
Harnwege	Spülung von Nieren und Harnwegen
Liebesleben	Erhöht die Liebeslust
Nervensystem, Geist und Gemüt	Bei Stress, macht uns glücklich
Nährwerte pro 100 g	Energie 18 kcal/76 kJ · Kohlenhydrate 2,2 g · Eiweiß 1,9 g · Fett 0,1 g · Ballaststoffe 1,5 g

Tagesplan

MORGENS 2 Tassen Kaffee. 250 g Spargel roh in dünne Scheiben hobeln. Mit 80 g Schinkenwürfeln mischen. Ein Dressing aus 2 bis 3 EL Öl, 2 EL Essig, Senf, Zucker und Salz sowie 2 EL Schnittlauch unterheben. Dazu 1 Scheibe Vollkorntoast. Etwas Salat für vormittags und nachmittags aufheben.

VORMITTAGS Etwas Salat vom Morgen essen.

MITTAGS 500 g Spargel in Salzwasser mit etwas Zitronensaft garen. Mit Olivenöl, Kräutern und frisch geriebenem Parmesan servieren. Dazu 2 Scheiben Vollkornbaguette.

Das Mittagsrezept

Zum Mitnehmen für Berufstätige

125 g Spargel roh in dünne Scheiben schneiden. Mit 2 EL Olivenöl, 1 bis 2 EL Balsamicoessig, Honig, Salz und Pfeffer marinieren und etwa 1 Stunde ziehen lassen. 1/2 Bund Rucola kleinschneiden und unter den Spargel mischen. Etwas Parmesan darauf hobeln. Dazu 2 Scheiben Baguette.

NACHMITTAGS Den restlichen Salat vom Morgen essen.

ABENDS 250 g grünen Spargel in Stücke schneiden. Die Köpfe zur Seite legen. Die restlichen Spargelstücke in Olivenöl anbraten. 300 ml Gemüsebrühe aufgießen und etwa 15 Minuten köcheln, anschließend pürieren. Mit Crème fraîche und Kerbel verfeinern, mit Salz, Pfeffer und Muskatnuss würzen. Die Spargelköpfe in die Suppe geben und etwa 5 Minuten garen.

Spezialtipps

○ Grüner oder weißer Spargel? Die Inhaltsstoffe unterscheiden sich nicht sehr, aber grüner Spargel ist etwas zarter und muss nicht geschält werden. Es reicht, das untere Ende der Stiele abzuschneiden.

○ Achten Sie darauf, dass Sie dieses Schlankmachergemüse nicht durch fetthaltige Saucen wie Sauce Hollandaise zu einer wahren Kalorienbombe machen.

○ Spargel sollten Sie, in einem feuchten Geschirrtuch eingewickelt, im Kühlschrank aufbewahren.

○ Vorsicht: Wer an Gicht leidet und wer hohe Harnsäurewerte hat, sollte auf Spargel verzichten. Er enthält leider große Mengen an Purinen. Wer mit Spargel abnehmen möchte, der sollte 14 Tage lang zu jeder Hauptmahlzeit 200 g Spargel essen. Sonst nichts. Ideal dazu: Jeden Tag 1 Stunde Rad fahren.

gut für Hirn und Liebe

Spinat
hält uns jung und fit

Viele Jahrzehnte wurde Spinat aufgrund eines verrutschten Kommas als wertvoller Eisenlieferant angesehen. Dieser Irrtum hat sich inzwischen aufgeklärt. Dennoch liefert das grüne Gemüse eine Menge Nähr- und Vitalstoffe für unseren Organismus.

○ Spinat ist wichtig für Menschen ab 40, denn seine Inhaltsstoffe helfen uns, **jung** und **gesund** zu bleiben.

○ Spinat enthält reichlich vom Anti-**Stress**-Mineral Magnesium und vom Nerven-Vitamin B_1. Es ist somit ein ideales Anti-Stress-Gemüse

○ Er enthält interessante Mengen an Folsäure und schützt somit **Herz** und **Kreislauf**, bremst die **Adernverkalkung** und wirkt daher als Jungbrunnen.

○ Darüber hinaus ist Spinat wichtig für unsere **Augen**. Er enthält viel Vitamin A und Betacarotin, beides entscheidend für die Bildung des Sehpurpurs. Die im Spinat enthaltenen Carotinoide schützen unsere Augen. Wer ab 40 regelmäßig Spinat verzehrt, senkt damit die Gefahr für eine sehr schlimme Augenerkrankung, die **Makula-Degeneration**, bei der der zentrale Netzhautbereich im Auge zerfällt.

○ Spinat wirkt zudem positiv auf die **Blutbildung** sowie auf die Aktivität der Bauchspeicheldrüse, der Magenschleimhaut und der Galle. Damit unterstützt er die gesamte **Verdauung**.

Die wichtigsten Inhaltsstoffe und Anwendungsbereiche

Vitamine	A, B_1, Betacarotin, Folsäure
Mineralstoffe	Magnesium
Augen	Schützt die Augen und verbessert die Sehkraft, senkt die Gefahr für die Makula-Degeneration
Immunsystem	Hilft bei Stress
Herz und Kreislauf	Wirkt der Arteriosklerose entgegen, stärkt Herz und Kreislauf, hält jung
Nährwerte pro 100 g	Energie 15 kcal/64 kJ · Kohlenhydrate 0,6 g · Eiweiß 2,5 g · Fett 0,3 g · Ballaststoffe 2,6 g

Tagesplan

MORGENS   2 Tassen schwarzer Tee mit etwas Honig. 50 g frischen Spinat mit 1 kleingeschnittenen Orange mischen. 2 Scheiben Frühstücksspeck anbraten. Aus Senf, Salz und Pfeffer, Paprika, Sojasauce, Apfelessig, Orangensaft und 1 TL Sesamöl ein Dressing bereiten. Alle Zutaten mischen und den Salat mit 1 TL Sesamsamen bestreuen.

VORMITTAGS   1 Apfel.

MITTAGS   ¹/₂ Schalotte in etwas Fett andünsten. 50 g Spinat dazugeben und zusammenfallen lassen. 2 Eier verquirlen, mit Salz, Pfeffer und Muskatnuss würzen. Eimasse zum Spinat geben und rühren, bis die Masse gestockt ist. Dazu 2 Scheiben Roggenbrot.

Zum Mitnehmen für Berufstätige
150 g frischen Spinat, 5 Radieschen, 1 kleine Zwiebel, 100 g Cocktailtomaten kleinschneiden. Alle Zutaten mischen und mit einem Dressing aus 3 EL Joghurt, 1 EL Rapsöl, 1 EL Balsamicoessig, Salz und Pfeffer anmachen.

NACHMITTAGS   1 Glas frisch gepresster Orangensaft mit einem Bällchen Vanilleeis.

ABENDS   100 g Blattspinat waschen und putzen. 1 gewürfelte Schalotte in etwas Öl andünsten, Spinat hinzugeben und zusammenfallen lassen. Mit Salz, Pfeffer und Knoblauch abschmecken. 1 Fleischtomate würfeln. In Öl andünsten, mit Salz und Pfeffer würzen und mit 1 Scheibe Roggenbrot zum Spinat servieren.

Das Frühstücksrezept

Spezialtipps
○ Spinat schmeckt bekanntlich nicht allen Kindern. Dies kommt daher, weil er Säuren enthält, die Kindern oftmals nicht zusagen. Sie können sogar allergische Reaktionen hervorrufen. Zwingen Sie daher Ihre Kinder nicht, Spinat zu essen.

○ Achten Sie beim Einkauf auf feste Blätter mit einer kräftig grünen Farbe.

○ Verbrauchen Sie den Spinat möglichst bald, da sonst seine Vitalstoffe verloren gehen.

○ Spinat schmeckt sehr lecker mit Muskatnuss gewürzt. Aber auch die italienische Variante mit Knoblauch, Zitronensaft und geriebenem Parmesan sollten Sie probieren.

hält uns jung und fit

Tomate
gut fürs Herz

Bei Tomaten gibt es eine Besonderheit: Ihr Hauptwirkstoff, das Lycopin, kann aus erhitzen Tomaten besser aufgenommen werden als aus rohen Früchten. Deshalb sind Tomaten und Tomatenpüree aus der Fertigpackung, Tomatenmark und –saft sehr zu empfehlen.

○ Der Hauptwirkstoff der Tomate ist der rote Farb- und Bioaktivstoff Lycopin. Er stärkt **Herz** und **Kreislauf**. Und er kann das **Krebs**risiko senken.

○ Lycopin ist auch der Grund dafür, dass Tomaten vor **Arteriosklerose** schützen.

○ Der hohe Anteil an Vitamin C unterstützt die **Abwehrkräfte** und der Mineralstoff Kalium ist gut für die **Blutgerinnung**.

○ Weil Tomaten auch den Abfluss der Harnsäure unterstützen, wirken sie vorbeugend vor Erkankungen wie **rheumatischer Arthritis** und **Rheuma**.

○ Tomaten verhindern das Risiko von **Entzündungen im Darmtrakt** und unterstützen eine gesunde **Darmflora**.

○ Auch das Risiko der Bildung von **Gallen-** und **Blasensteinen** wird durch den häufigen Genuss von Tomaten verringert.

○ Das Lycopin stärkt die **Zellstruktur** und fördert den Zellstoffwechsel. Ihm wird auch eine **krebshemmende** Wirkung bei Magen-, Darm-, Brust-, Mund- und Prostatakrebs nachgesagt.

Die wichtigsten Inhaltsstoffe und Anwendungsbereiche

Vitamine	A, C
Mineralstoffe	Kalium
Sekundäre Pflanzenstoffe	Lycopin
Herz und Kreislauf	Stärkt das Herz und den gesamten Kreislauf
Immunsystem	Senkt das Krebsrisiko, verhindert die Umwandlung von Nitraten in krebserregende Stoffe
Nährwerte pro 100 g	Energie 17 kcal/73 kJ · Kohlenhydrate 2,6 g · Eiweiß 1,0 g · Fett 0,2 g · Ballaststoffe 1,0 g

Tagesplan

MORGENS 2 Tassen Kaffee oder Schwarztee mit wenig Zucker. 2 Scheiben Vollkornknäcke mit 1 TL Butter bestreichen und je mit 1 EL Hüttenkäse und 2 Tomatenscheiben belegen. Dazu 1 hart gekochtes Ei und 1 Glas Tomatensaft.

VORMITTAGS 5 Cocktailtomaten sowie 5 kleine Mozzarellabällchen.

MITTAGS 1 kleine Zwiebel würfeln und in Olivenöl anschwitzen. 1 kleine Dose geschälte Tomaten und 1 EL Tomatenmark hinzufügen und leicht köcheln lassen. Mit etwas gekörnter Gemüsebrühe, Pfeffer und Oregano würzen. Zum Schluss noch einen Schuss Sahne unterrühren. Dazu Spaghetti servieren.

Zum Mitnehmen für Berufstätige

125 g Mozzarella und 2 Tomaten würfeln und beides mischen. Mit 2 EL kaltgepresstem Olivenöl, 1 bis 2 EL Balsamicoessig, Salz und Pfeffer anmachen. 10 frische Baslikumblätter kleinschneiden und unter den Salat heben. Dazu 1 Scheibe italienisches Weißbrot.

NACHMITTAGS 1 Glas Tomatensaft, dazu einige Salzstangen knabbern.

ABENDS Von einer extra großen Tomate den oberen Teil wie einen Deckel abschneiden, vorsichtig die ganze Tomate aushöhlen. 1 Sardellenfilet, 2 EL Thunfisch in Lake (aus der Dose), 1 hart gekochtes, Ei, ein paar Kapern, Schnittlauch und Petersilie kleinschneiden und mit Distelöl, Ketchup, 50 g Magerjoghurt sowie etwas Zitronensaft und dem kleingehackten Fruchtfleisch der Tomate mischen. Mit Salz und Honig würzen. Einen Teil davon in die Tomaten geben, den Rest auf dem Teller rundum garnieren. Dazu 1 Scheibe Vollkornknäcke.

Spezialtipps

○ Tomaten mit grünen Flecken nicht verwenden. Sie enthalten die giftige Substanz Solanin, die zu Übelkeit führen kann.

○ Achten Sie beim Kauf von Ketchup darauf, dass dieser wenig Zucker oder Fruchtzucker enthält. Dabei kommt es auf die Reihenfolge der Zutaten in der Zutatenliste an. Je weiter vorne die Zutat genannt wird, desto mehr ist in dem Produkt enthalten.

○ Beim Essen und Verdauen verwandeln sich Nitrate, die zum Beispiel in Räucherspeck vorkommen, in Nitrosamine, und das sind krebserregende Stoffe. Wenn man nun zu dem Speck Tomaten genießt, so verhindert der Farbstoff Lycopin die Umwandlung von Nitraten in Nitrosamine.

Das Abendrezept

Trauben

verlängern das Leben

Was macht die Trauben so wertvoll? Es sind vier Hauptwirkstoffe, vier verschiedene Polyphenole. Sämtliche Traubensorten enthalten diese wertvollen Substanzen. Die blauen und roten Trauben aber liefern uns besonders viele davon.

○ Das Resveratrol in den Weintrauben hält unsere Körperzellen und Blutgefäße elastisch, senkt das schädliche LDL-**Cholesterin** und erhöht das schützende HDL-Cholesterin.

○ Resveratrol schützt vor **Arteriosklerose**, aktiviert das Gen für ein langes Leben und senkt das Krebsrisiko.

○ Quercetin schützt unseren Organismus vor aggressiven Umweltschadstoffen und **Giften**. Und es hält unser **Blut** flüssig. Dieselbe Eigenschaft hat auch der Stoff Catechin. Diese Wirkung schützt in Kombination mit den Radikalfängern in der Traube vor **Arteriosklerose**, **Herzinfarkt** und **Schlaganfall**.

○ Epi-Catechin kann das **Krebsrisiko** senken.

○ Wer regelmäßig Trauben in den Speiseplan einbaut, der kann **Verstopfung** bekämpfen, **Herz** und **Kreislauf** stärken und Problemen mit den **Venen** vorbeugen.

○ Mit Trauben kann man die **Nerven** stärken, die **Laune** verbessern und sich stark gegen **Stress** machen. Mit Rosinen geht das auch, doch sollte man dabei den höheren Kalorienwert beachten.

○ Weintrauben haben auch eine **harntreibende** und **verdauungsfördernde** Wirkung, sie unterstützen die Aktivität von Leber- und Gallenblase. Daher werden sie auch gerne zur **Entschlackung** eingesetzt und zur Regulierung des Säure-Basen-Haushalts.

○ Zudem wirken Trauben stärkend auf unsere **Immunkraft**, sind also ein guter Erkältungsschutz.

Die wichtigsten Inhaltsstoffe und Anwendungsbereiche

Sekundäre Pflanzenstoffe	Resveratrol, Quercetin, Catechin, Epi-Catechin
Herz und Kreislauf	Senkung hoher Cholesterinwerte, hält das Blut flüssig, beugt Venenproblemen vor, stärkt Herz und Kreislauf
Immunsystem	Schutz vor Umweltschadstoffen und Giften, gut bei Stress
Verdauungssystem	Bei Verstopfung
Nährwerte pro 100 g	Energie 68 kcal/282 kJ · Kohlenhydrate 15,2 g · Eiweiß 0,7 g · Fett 0,3 g · Ballaststoffe 1,5 g

Tagesplan

MORGENS 2 Tassen grüner Tee mit etwas Honig gesüßt. Haferflocken mit frischen Trauben und 1 Becher Naturjoghurt. 1 Glas frisch gepresster Orangensaft.

VORMITTAGS 1 Hand voll Trauben Ihrer Wahl.

MITTAGS 100 g Gouda, 100 g Trauben sowie 50 g gekochten Schinken klein schneiden und mischen, mit Öl und Essig anmachen. Dazu 1 Scheibe Roggenbrot.

Zum Mitnehmen für Berufstätige
Ein Obstsalat aus 1 Orange, 1 Apfel, 100 g Trauben, 1 Banane. Mit etwas Orangensaft, Zitronensaft und Honig anmachen. Eventuell einige gehackte Nüsse darauf streuen.

NACHMITTAGS 1 Hand voll Trauben Ihrer Wahl.

ABENDS 80 g Trauben, 1/2 Birne und 80 g Stangensellerie kleinschneiden und mischen. 2 EL Crème fraîche, 2 EL Naturjoghurt, Zitronensaft, Salz und Pfeffer mischen und unter den Salat mengen. Etwas Blauschimmelkäse zerkrümeln und auf den Salat streuen. Dazu 1 Scheibe Vollkorntoast.

Spezialtipps
○ Essen Sie die Schale und besonders die Kerne der Trauben mit. Sie fördern die Verdauung, weil sie zu idealen Ballaststoffen werden. Außerdem geben die Kerne Traubenkernöl an den Darm ab.

○ Man kann mit Trauben prima entschlacken und entgiften. Essen Sie am Wochenende nichts anderes als 1 bis 1 1/2 Kilo Trauben über den Tag verteilt. Trinken Sie dazu 3 Liter Wasser. Bei großem Hunger ist 1 Knäckebrot erlaubt.

Das Abendrezept

verlängern das Leben

127

Zitrusfrüchte
stärken unser Immunsystem

Es gibt viele verschiedene Zitrusfrüchte. Und da stellt sich die Frage: Ist es eigentlich egal, ob man Orangen, Mandarinen oder Grapefruits genießt? Nein, es ist nicht egal!

○ Alle Zitrusfrüchte enthalten interessante Mengen an Vitamin C, wichtig für unser **Immunsystem.**

○ Und alle enthalten Bioflavonoide. Diese Bioaktivstoffe schützen vor Umweltschadstoffen, den freien Radikalen, senken damit das Risiko für **Krebsanfälligkeit** und des frühzeitigen **Alterns.**

○ Wenn die Zitrone gelb und reif ist, stärkt ihr Saft unsere **Haare** und **Nägel**. Außerdem wird die Produktion der Magensäure angeregt. **Zahnfleischbluten** kann durch Zitronensaft gestoppt werden. Zitronen verbessern den Fettabbau und helfen so beim **Abnehmen**.

○ Die Orange macht geistig rege, hilft **Stress** schneller abzubauen und aktiviert die **Sexualhormone**. Frisch gepresster Orangensaft wirkt hervorragend gegen den **Alkoholkater**. Orangen stärken den **Kreislauf**, beugen der vorzeitigen **Adernverkalkung** vor und vertreiben **Müdigkeit**. Sie wirken **appetitanregend** und helfen den **Cholesterinspiegel** zu senken.

○ Die Grapefruit stärkt **Herz**, **Kreislauf** und **Venen**.

○ Die Mandarine enthält als einzige Zitrusfrucht im Fruchtfleisch den Pflanzenfarbstoff Rutin. Dieser stärkt das **Bindegewebe** und verhindert so **Cellulite**.

Die wichtigsten Inhaltsstoffe und Anwendungsbereiche

Vitamine	C, Folsäure
Mineralstoffe	Kalium
Sekundäre Pflanzenstoffe	Bioflavonoide, Rutin
Immunsystem	Stärkung der Immunität, Senkung des Krebsrisikos, hilft bei Stress
Haut, Haare und Nägel	Haare und Nägel werden gestärkt, bei Cellulite, stärkt das Bindegewebe
Herz und Kreislauf	Wirkt einer Arteriosklerose entgegen, gegen Müdigkeit, stärkt die Venen
Liebesleben	Aktiviert die Liebeshormone
Nährwerte pro 100 g Orange	Energie 42 kcal/177 kJ · Kohlenhydrate 8,3 g · Eiweiß 1,0 g · Fett 0,2 g · Ballaststoffe 1,6 g

Tagesplan

Das Mittagsrezept

MORGENS 2 Tassen Früchtetee mit je 1 TL Honig. 2 Scheiben Vollkornbrot, 50 g Magerquark und 2 Mandarinen. Dazu 1 Glas frisch gepressten Orangensaft.

VORMITTAGS 2 Orangen oder 1 Grapefruit.

MITTAGS 50 g Feldsalat oder Kopfsalat auf einen Teller auslegen. Darauf 2 Orangen in Scheiben sowie 80 g in Streifen geschnittenen Schinken verteilen. Mit einem Dressing aus Zitronensaft, Wasser, Salz, Pfeffer, Honig und 10 g geriebener Zwiebel. Dazu 1 dünne Scheibe Vollkornbrot.

Zum Mitnehmen für Berufstätige

2 Scheiben Pumpernickel mit 80 g Hüttenkäse bestreichen, dazu 2 Orangen und 2 Mandarinen essen und 1 Glas Grapefruitsaft trinken.

NACHMITTAGS 2 Kugeln Zitroneneis. Dazu 1 Glas Wasser mit 3 TL Zitronensaft.

ABENDS Das Fruchtfleisch 1 Orange würfeln und mit 100 g kleingeschnittener, gebratener Hähnchenbrust, 50 g Quark, 20 g Hüttenkäse und Joghurt vermischen. Zitronensaft, Distelöl, Honig, Salz und Pfeffer verrühren und untermischen. Mit 10 g gehackten Haselnüssen sowie etwas gehacktem Dill bestreuen.

Spezialtipps

○ Verwenden Sie nur Orangen mit einer festen, glatten und glänzenden Schale. Früchte, die schon einige Tage bei Zimmertemperatur gelagert wurden, haben bereits zu viele Vitalstoffe verloren.

○ Ziehen Sie nach dem Schälen der Orange die weiße, schwammige Masse nicht ab, sondern essen Sie diese mit. Darin sind die meisten Bioaktivstoffe enthalten, die uns vor Schadstoffen schützen.

○ Es ist immer gesünder, eine ganze Orange zu essen, als nur den Orangensaft zu trinken. Im Fruchtfleisch sind viel mehr Vitamine enthalten als im Saft. Das Vitamin C ist im Fruchtfleisch 20-mal wirksamer als aus dem Saft.

○ Die beste Form, die Zitrone zu nutzen: Kauen Sie kleine Fruchtstücke, die Sie zuvor in etwas Honig tauchen. Rühren Sie in ein Glas Wasser den Saft $1/2$ Zitrone. Oder richten Sie Kopfsalat anstelle mit Essig mit Zitronensaft an. Das Vitamin C der Zitrone verhindert, dass sich Nitrate aus Glashaussalat beim Essen in krebserregende Nitrosamine umwandeln.

stärken unser Immunsystem

Zucchini

verhelfen uns zur schlanken Linie

Die Zucchini lassen sich wunderbar sowohl mit Salat als auch mit anderen Gemüsesorten kombinieren. Man kann sie roh oder gekocht genießen.

○ Die Schale ist reich an Carotenen und am Mineralstoff Magnesium. Diese Kombination gibt jeder einzelnen Körperzelle viel Kraft. Daher machen uns Zucchini **vital** und **leistungsstark**.

○ Wir werden durch dieses Gemüse **stressfest**, aktivieren unser **Gehirn** und stärken die **Nerven.**

○ Zucchini fördern den Abtransport von Stoffwechselabfällen aus dem Körper.

○ Zucchini sind ein unkomplizierter, wirksamer **Schlankmacher**, die bei fast jeder Diät im Speiseplan zu finden sind.

○ Essen Sie Zucchini, wenn Sie an **Verstopfung** leiden. Das hilft, denn Zucchini sind sehr gut für den Verdauungsapparat.

○ Zucchini wirken leicht abführend und harntreibend. Sie helfen dadurch bei **Blasen-** und **Nierenentzündungen**.

○ Das zerdrückte Fleisch eines Zucchino wirkt äußerlich angewendet heilend bei **Entzündungen der Haut.**

○ Wenn Sie das zerdrückte Fruchtfleisch mit Heilerde mischen, haben Sie eine **Schönheitsmaske**, die die Gesichtshaut entspannt und erfrischt.

Die wichtigsten Inhaltsstoffe und Anwendungsbereiche

Vitamine	A
Mineralstoffe	Magnesium, Phosphor
Sekundäre Pflanzenstoffe	Carotene
Herz und Kreislauf	Gibt uns Energie und stärkt den Kreislauf
Immunsystem	In Stresssituationen
Nervensystem, Geist und Gemüt	Stärkt die Nerven und aktiviert unsere Gehirnzellen
Verdauungssystem	Wirkt einer Verstopfung entgegen
Nährwerte pro 100 g	Energie 19 kcal/79 kJ · Kohlenhydrate 2,2 g · Eiweiß 1,6 g · Fett 0,4 g · Ballaststoffe 1,1 g

Tagesplan

MORGENS   2 Tassen Kaffee oder schwarzen Tee mit wenig Zucker. 2 Scheiben Weizenvollkornbrot mit wenig Butter. Dazu ein Salat aus 2 Tomaten, 1 Paprikaschote und $1/2$ Zucchino, die 3 Minuten in Wasser blanchiert wurden. Angerichtet mit einer Marinade aus Olivenöl, Zitronensaft, Salz und Pfeffer.

VORMITTAGS   2 geschälte Möhren und 1 Zucchino kleinschneiden, blanchieren und mit Joghurt, Essig, Salz und Pfeffer verrühren. Die Hälfte davon für den Nachmittag aufheben.

MITTAGS   200 g Lammfilet (oder Rinderfilet) gegrillt oder gebraten. Dazu ein klassischer tunesischer Zucchinisalat: 250 g Zucchini in dünne Scheiben schneiden, in wenig Wasser etwa 5 Minuten garen. $1/2$ Zwiebel kleinschneiden, unter die Zucchini mischen. Aus Olivenöl, Essig, Zitronensaft und ganz wenig Salz ein Dressing zubereiten und darüber gießen.

Zum Mitnehmen für Berufstätige

2 Scheiben Weißbrot mit etwas Ketchup bestreichen, 80 g Putenwurst darauf verteilen. Und dazu den tunesischen Zucchinisalat (siehe Mittagsrezept).

NACHMITTAGS   Die zweite Hälfte der Zucchini-Möhren-Rohkost vom Vormittag genießen.

ABENDS   1 Zucchino, $1/2$ gelbe Paprika, $1/2$ rote Paprika, 1 Zwiebel in kleine Stücke schneiden und in eine gefettete Auflaufform geben. Mit Olivenöl beträufeln und mit Oregano, Thymian, Salz und Pfeffer würzen. Im Backofen bei 200 °C etwa 20 Minuten garen. Dazu 2 Scheiben Vollkornbaguette servieren.

Spezialtipps

○ Kaufen Sie die kleinen, kräftigen und festen weiß-grün gesprenkelten Zucchini. Meiden Sie die großen. Die sind lange nicht so lecker und knackig.

○ Zucchini sollte man immer kurz in Wasser garen. Dabei entsteht erst der mildaromatische Geschmack.

○ Zucchini passen gut zu Paprikaschoten, Tomaten, Zwiebeln, Knoblauch oder zu Blattsalaten. Man kann mit Zucchini im Speiseplan schlank bleiben und schlank werden.

Das Mittagsrezept

Zwiebel

Bereits bei den alten Ägyptern wurde die Zwiebel als Heil-, Gewürz- und Gemüsepflanze angebaut. Ab dem 15. Jahrhundert wurden in Holland zahlreiche in Form, Farbe und Geschmack verschiedene Sorten gezüchtet.

○ Die Zwiebel enthält wertvolle ätherische Öle, welche die **Atemwege** stärken. Sie wirken entzündungshemmend und bekämpfen Bakterien.

○ Der in der Zwiebel enthaltene Bioaktivstoff Quercetin macht uns stark gegen **Allergien**. Er blockiert genau jene Zellen im Körper, die bei allergischen Reaktionen das Gewebshormon Histamin ausschütten. Die Zwiebel ist damit ein sanftes, natürliches Antihistaminikum.

○ Außerdem bremst Zwiebel die frühzeitige **Adernverkalkung** und erhält uns auf diese Weise jung.

○ Zwiebeln können vor **Pilzinfektionen** schützen.

○ Hier noch ein hervorragendes Rezept gegen **Husten**: 2 Zwiebeln in Scheiben schneiden, 3 Esslöffel Honig darüber gießen, 2 Stunden ziehen lassen. Den Saft, der dabei entsteht, schluckweise einnehmen.

○ Zwiebeln sollen das **Wachstum von Tumoren bremsen**.

○ Sie senken den **Cholesterinspiegel** und schützen uns vor der Bildung von **Blutgerinnseln**.

○ Zwiebeln haben eine **harnfördernde** Wirkung und verhindern die Einlagerung von Wasser im Gewebe.

○ Äußerlich verwendet helfen Zwiebeln bei **Insektenstichen** und **Entzündungen der Haut**.

Die wichtigsten Inhaltsstoffe und Anwendungsbereiche

Mineralstoffe	Kalium,
Sekundäre Pflanzenstoffe	Quercetin
Atemwege	Bei Husten, stärkt die Atemwege
Immunsystem	Bei Allergie, wirkt als ein leichtes Antihistaminikum, schützt vor Pilzinfektionen
Herz und Kreislauf	Wirkt einer Arteriosklerose entgegen
Nährwerte pro 100 g	Energie 28 kcal/118 kJ · Kohlenhydrate 4,9 g · Eiweiß 1,3 g · Fett 0,3 g · Ballaststoffe 1,8 g

Tagesplan

MORGENS 2 Tassen Melissentee mit 2 TL Zuckerrübensirup. 2 Scheiben Roggenknäcke mit je 1 TL Butter bestreichen. 1 Scheibe Knäcke mit 20 g Geflügelwurst und ein paar Zwiebelringen, 1 Scheibe mit 30 g Hartkäse belegen.

VORMITTAGS 1 kleines Tomatenbrot, mit Zwiebelwürfeln und Schnittlauch bestreut.

MITTAGS 125 g Tomaten, 100 g Gurke, 25 g Zwiebeln, 10 g dunkle Oliven mit 1 TL Olivenöl und etwas Apfelessig mischen und mit Salz, Pfeffer und Oregano würzen. Mit 150 g gebratener Puten-, Gänse- oder Entenbrust servieren.

> **Zum Mitnehmen für Berufstätige**
> 1 gemischter Blattsalat mit folgender Vinaigrette: 1 EL weißen Balsamicoessig, 2 EL Olivenöl, Senf, 1 gewürfelte Schalotte, 1/2 gewürfelte Zwiebel sowie 1 EL Schnittlauch verrühren und mit Salz und Pfeffer würzen.

NACHMITTAGS Einige Röstzwiebeln knabbern.

ABENDS 200 g Zwiebeln würfeln und in Öl goldgelb dünsten. Mit 1/2 l Fleischbrühe auffüllen und etwa 20 Minuten garen. Mit Salz und Pfeffer würzen. Dazu 1 Scheibe Vollkorntoast.

Spezialtipps

○ Einige Menschen können rohe Zwiebeln nicht so gut verdauen. Sie sollten das Gemüse gegart verzehren.

Das Vormittagsrezept

○ Man unterscheidet grundsätzlich Gewürzzwiebeln und Gemüsezwiebeln. Gewürzzwiebeln enthalten mehr Lauchöl, schmecken daher schärfer und würziger.

○ Wussten Sie, dass Wespen den Geruch von heißen Zwiebeln meiden? Richten Sie eine gekochte oder gegrillte Zwiebel auf einem Teller an und schon haben Sie Ruhe vor den Plagegeistern.

Zur Person: Prof. Hademar Bankhofer –

Der Gesundheitsexperte

Prof. Hademar Bankhofer ist heute einer der führenden Medizin-Publizisten für die Themen Prävention, Naturarzneien, Hausmittel und gesunde Ernährung im deutschsprachigen Raum und in vielen anderen europäischen Ländern. Millionen kennen ihn aus Fernsehen, Hörfunk, Vorträgen, Seminaren, aus Zeitungskolumnen und nicht zuletzt aus seinen Ratgeberbüchern, durch die er zum Bestsellerautor geworden ist. Man muss sich das vorstellen: Mittlerweile schreibt er seit mehr als 40 Jahren Bücher und verfasst Artikel in Zeitschriften, Magazinen sowie in Tageszeitungen. Außerdem präsentiert er sein Herzensthema Gesundheit im Fernsehen und im Radio seit fast 30 Jahren. Für die einen ist er daher ein Urgestein unter den Medizin-Publizisten, für die anderen eine Kultfigur. Sein Markenzeichen ist das Krawatten-Schaltuch.

Prof. Bankhofer ist Jahrgang 1941. Man kann sich also ausrechnen, wie alt er ist. Da er vital, fit und fröhlich durch die Welt geht, kommen viele zu dem richtigen Schluss: „Seine Ratschläge fürs Gesundbleiben und Gesundwerden sind demnach überzeugend und wirksam!"
Besonders am Herzen liegt dem Autor von über 40 Ratgeberbüchern die Prävention und hierbei speziell die gesunde Ernährung. Daher ist ihm dieses Buch ein besonderes Anliegen.

Bankhofer-Fans – und davon gibt es in allen Altersschichten viele – haben jedes Wochenende mächtig Stress: Jeden Samstag und Sonntag gibt es beim deutschen Privat-TV-Sender DAF (Deutsches Anleger-Fernsehen) die Sendung „Bankhofer: Fit und vital". Und jeden Samstag und Sonntag läuft die Magazin-Sendung „Einfach Bankhofer" beim österreichischen Privatsender SCHAU TV, die über Satellit auch in Deutschland und im Web-TV unter www.einfachbankhofer.at zu sehen ist. Einmal im Monat – immer an einem Montag – wird beim deutschen Privatsender „Bibel TV" die 45-Minuten-Show „Gottes Apotheke: Alte Hausmittel – moderne Naturarzneien" ausgestrahlt.

Viele lieben die positive, lockere Art, in der Prof. Bankhofer seine Gesundheitsempfehlungen weitergibt, neueste wissenschaftliche Studien verständlich präsentiert und sich für eine vernünftige, ausgewogene, gesunde Ernährung einsetzt. Darüber hinaus wird er als Gesundheitsexperte immer wieder im deutschen Fernsehen zu Talkshows und Diskussionen eingeladen. Regelmäßige Hörfunk-Tipps gibt er in Deutschland bei Radio Seefunk RSF und in Österreich beim ORF Radio Wien, ORF Radio Oberösterreich sowie bei Radio Grün-Weiß in der Steiermark.

Vor einigen Jahren folgte Prof. Bankhofer ehrenvollen Einladungen an die Harvard- und an die Tufts-Universität in Boston, USA, aber auch an die Universität von North Carolina. Er war acht Jahre lang Lehrbeauftragter an der Universität Leipzig und arbeitet seit über 25 Jahren eng mit dem Institut für Sozialmedizin an der Universität Wien zusammen. Außerdem ist er Lehrbeauftragter an der Österrei-

chischen Gesundheitsakademie. Seit 2009 hat er die Leitung des Bankhofer-Zentrums an der internationalen Akademie für medizinische Kommunikation in Bad Füssing inne.

Im Jahr 1991 verlieh ihm das Wissenschaftsministerium auf Vorschlag der Universität Wien den Berufstitel „Professor" für seine internationalen Leistungen auf dem Gebiet der populärwissenschaftlichen Aufklärung der Bevölkerung zum Thema Gesundheit.

Die bisher erfolgreichsten Bücher von Prof. Bankhofer sind „Der kleine Bankhofer", „Ihre Gesundheit liegt mir am Herzen" und „Gesundheit aus der Natur". Der alljährliche Gesundheits-Kalender von Prof. Bankhofer, der bereits über eine große Lesergemeinde verfügt, hat inzwischen Millionenauflagen erreicht.

Seine Bücher werden nicht nur in Deutschland, Österreich und der Schweiz gelesen, sondern auch in Finnland, Frankreich, Russland, Polen, Tschechien, Slowakei, Holland, Ungarn, Litauen und neuerdings auch in China. Ein amerikanischer Journalist, der Bankhofer tagelang bei seiner Arbeit begleitete und beobachtete, hat vor ein paar Jahren festgestellt: „Bankhofer lebt auch so, wie er schreibt und redet ...!" Und so ist es auch: Prof. Bankhofer lebt mit seiner Frau Liselotte, die er seit 1963 kennt und mit der er seit 1969 verheiratet ist, am Stadtrand von Wien auf dem Grundstück seines Großvaters. Rund ums Haus bauen die beiden ihr Bio-Gemüse und ihre Kräuter an. Den Naturdünger dazu liefern die drei Ziegen Fanny, Rosi und Resi.

Das vorliegende Gesundheitskochbuch ist Prof. Bankhofer ein großes Anliegen. Sein überzeugendes Argument für sein erstes kulinarisches Werk: Zahllose Studien, die in den letzten Jahren im Rahmen der Europäischen Union durchgeführt wurden, konnten beweisen: Man kann sich mit einer gezielt gesunden Ernährung vor einer Reihe von Krankheiten und Beschwerden schützen.

Dieses Buch soll dabei kulinarische Hilfestellung leisten.

der Gesundheits-Experte

Register

Die Wirkstoffe und ihre Quellen

Wirkstoff	Wirkung	Vorkommen
Allicin	Eine schwefelhaltige Verbindung, die auch für den typischen Knoblauchgeruch verantwortlich ist. Allicin senkt hohen Blutdruck, fördert eine gesunde Darmflora und stärkt die Blase. Damit schützt es vor Blasenentzündung und Blasenkatarrh.	• Knoblauch • Lauch
Arginin	Eine Aminosäure, die an der Regulation des Blutflusses beteiligt ist. Sie hilft gegen dicke, schwere Beine.	• Kiwi
Asparagin	Ebenfalls eine Aminosäure. Sie hat eine anregende Wirkung auf Nieren, Leber und Galle. Sie fördert den Abtransport von Umweltgiften aus dem Körper und steigert die Liebeslust.	• Spargel
Ätherische Öle	Öle, die einen Duftstoff enthalten und leicht verdampfen. Sie bekämpfen schädliche Bakterien und Viren. Und stärken unsere Atemwege.	• Lauch • Senf • Zwiebel
Ballaststoffe	Unser Organismus kann sie zwar nicht verdauen und scheidet sie wieder aus, dennoch sind sie wichtig für unsere Verdauung. Sie wirken als Quellstoff und sorgen dafür, dass der Blutzuckerspiegel nach einer Mahlzeit nicht so schnell ansteigt. Außerdem senken sie hohe Cholesterinwerte. Beispiele für Ballaststoffe sind Zellulose, Pektin und Legnin.	• Bohne • Brot • Dattel • Feige • Haferflocken • Keime und Sprossen • Kiwi • Kürbis • Salat
Betacarotin	Betacarotin zählt zu den Carotinen, den Naturfarbstoffen von Früchten, Wurzeln und Blättern. Es ist eine Vorstufe des Vitamin A. Betacarotin stärkt die Sehkraft, wirkt sich positiv auf die Atemwege aus und stärkt unser Immunsystem.	• Bohne • Kürbis • Mango • Papaya • Spinat
Beta-Glukane	Ballaststoffe, die die Verdauung positiv beeinflussen und helfen, einen hohen Cholesterinspiegel zu senken.	• Haferflocken
Biotin	Ein Vitamin, wichtig für den Kohlenhydrat- und Fettstoffwechsel. Es sorgt für geschmeidige Haut und glänzendes Haar.	• Beeren
Bitterstoffe	Ihren Namen verdanken sie ihrem bitteren Geschmack. Sie regen die Magensaft- und Gallenproduktion an, regulieren eine gestörte Verdauung und wirken gegen Völlegefühl. Die Ausscheidung von Stoffwechselschlacken, Bakterien, Viren, Pilzen und Giften wird gefördert. Darüber hinaus entsäuern sie den Organismus und helfen bei Erschöpfung.	• Chicoree • Salat

Wirkstoff	Wirkung	Vorkommen
Bromelain	Eine Substanz aus der Ananas. Sie wirkt blutverdünnend und senkt den Blutdruck, unterstützt den Fettabbau und die Eiweißverdauung. Das Immunsystem wird gestärkt und Altersflecken können bei äußerlicher Anwendung aufgehellt werden.	• Ananas
Calcium	Wichtig für Knochen und Zähne. Es stärkt die Knochen und beugt einer Osteoporose vor. Es ist an Blutgerinnung sowie an der Erregung von Muskeln und Nerven beteiligt. Calcium stärkt den Organismus in Stresssituationen.	• Brokkoli • Käse • Milch und -produkte • Papaya
Capsaicin	Ein Alkaloid, das bei uns einen Schärfereiz auslöst. Es hält das Blut flüssig und verhindert somit Thrombosen. Capsaicin wirkt positiv auf Herz und Kreislauf. Außerdem senkt es das Risiko für das Helicobacter-Pylori-Bakterium (Magengeschwür und -entzündungen).	• Paprika
Carotine	Carotine sind Naturfarbstoffe und gehören zu den Carotinoiden. Sie haben eine antioxidative Wirkung, schützen die Haut vor Umweltschadstoffen und stärken die Sehkraft.	• Mango • Möhren • Salat • Zucchini
Carotinoide	Diese sekundären Pflanzenstoffe werden unterteilt in Carotine und Xantophylle. Sie stärken die Sehkraft und die Atemwege und erhöhen insgesamt die Immunkraft. Weiterhin wirken sie positiv auf Magen und Darm und schützen vor Arteriosklerose. Zu den Carotinoiden zählen Betacarotin, Lutein und Lycopin.	• Mango • Melone • Möhren • Salat • Spinat • Zucchini
Catechin	Ein Gerbstoff, der unsere Zellen vor Umweltschadstoffen und Giften schützt. Es hält das Blut flüssig.	• Trauben
Chlorophyll	Der grüne Farbstoff der Pflanzen, mit dessen Hilfe die Lichtenergie der Sonne in Sauerstoff umgewandelt wird. Im Organismus fördert Chlorophyll die Sauerstoffzufuhr zum Gehirn und erhöht somit die Konzentrationsfähigkeit.	• Salat
Chrom	Chrom zählt zu den Spurenelementen und spielt im Kohlenhydratstoffwechsel eine wichtige Rolle.	• Kartoffel
Chymo-Papain	Es wirkt antientzündlich, antibakteriell sowie antioxidativ und erleichtert die Eiweißverdauung.	• Papaya
Delta-7-Sterole	Diese sekundären Pflanzenstoffen wirken entzündungshemmend. Sie bauen die Immunkraft der Blase auf und beugen einem Blasenkatarrh vor.	• Sonnenblumenkerne und Co.

Wirkstoff	Wirkung	Vorkommen
Einfach ungesättigte Fettsäuren	Sie zählen zu den Fetten und haben eine positive Wirkung auf den Cholesterinstoffwechsel. Sie senken das schädliche LDL-Cholesterin und erhalten das „gute" HDL-Cholesterin.	• Avocado • Haferflocken • Soja
Eisen	Eisen ist ein Spurenelement und wichtiger Bestandteil beim Sauerstofftransport im Blut. Es wirkt sich positiv auf die Blutbildung aus und stärkt die Nerven.	• Brot • Dattel • Hirse • Kiwi • Kürbis • Sonnenblumenkerne und Co.
Epi-Catechin	Dieser sekundäre Pflanzenstoff fängt freie Radikale im Körper ab und senkt somit das Krebsrisiko. Außerdem kann er den Cholesterinspiegel senken und vor Arteriosklerose schützen.	• Trauben
Erepsin	Erepsin ist ein Enzym, das die Eiweißverdauung verbessert.	• Gurke
Flavonoide	Diese sekundären Pflanzenstoffe sind meist als Farbstoffe in Früchten und Gemüse enthalten. Sie schützen das Herz, wirken einer Arteriosklerose entgegen und schützen vor frühzeitigem Altern. Zu den Flavonoiden zählen u. a. Catechin, Epi-Catechin, Kämperol, Quercetin und Rutin.	• Schokolade • Zitrusfrüchte
Fluorid	Dieses Spurenelement kennen Sie sicherlich aus der Zahncreme, denn es hat eine wichtige Funktion bei der Vorbeugung von Karies. Es härtet den Zahnschmelz und macht die Zähne somit widerstandsfähiger gegen Säuren und Bakterien.	• Hirse
Folsäure	Folsäure ist ein Vitamin und vor allem für eine gesunde Zellfunktion verantwortlich. Es ist wichtig für Herz, Blut und Kreislauf, schützt vor Arteriosklerose und ist am Aufbau von Glückshormonen beteiligt. Folsäure schützt Schwangere vor Fehl- und Frühgeburten.	• Beeren • Birnen • Haferflocken • Mais • Salat • Sauerkraut • Spargel • Spinat
Gerbsäuren	Gerbsäuren sind in der Schale und den Kernen von Früchten enthalten und wirken entzündungshemmend.	• Beeren
Glukokinine	Stoffe mit einer insulinähnlichen Wirkung, sie beeinflussen den Blutzuckerspiegel positiv.	• Bohne
Glutathion	Eine Aminosäure, die eine antioxidative Wirkung besitzt und die bei vielen Stoffwechselprozessen entstehenden freien Radikale abfängt. Sie schützt dadurch auch vor Krebs.	• Avocado
Intybin	Ein Bitterstoff, der die Verdauung fördert und sich positiv auf die Blutgefäße auswirkt.	• Chicoree

Wirkstoff	Wirkung	Vorkommen
Isothiocyanate	Sie werden auch Senföle genannt und haben eine antioxidative Wirkung. Sie senken das Krebsrisiko für Brust, Darm, Lunge und Leber	• Sauerkraut
Jod	Jod wird in der Schilddrüse zum Aufbau von den Schilddrüsenhormonen benötigt. Diese regulieren den Kohlenhydrat-, Eiweiß- und Fettstoffwechsel sowie die Körpertemperatur. Jod stärkt die Schilddrüse und beugt Müdigkeit vor.	• Seefisch
Kalium	Kalium ist wichtig für die Zellfunktionen. Es ist an der Regulation des Wasser-Elektrolyt-Haushalts sowie des Säure-Basen-Gleichgewichts beteiligt. Kalium beruhigt die Nerven, stärkt den Herzmuskel und wirkt positiv auf Herzrhythmusstörungen. Es senkt einen hohen Blutdruck und wirkt einer Übersäuerung des Körpers entgegen.	• Banane • Dattel • Kartoffel • Kürbis • Nüsse • Papaya • Reis • Kalium • Tomate
Kämpferol	Kämpferol zählt zu den Flavonoiden und somit zu den sekundären Pflanzenstoffen. Es senkt das Krebsrisiko im Darm und in den Atemwegen.	• Beeren
Kasein	Ein Milcheiweiß, das bei der Käseherstellung durch Zugabe von Lab oder Säuren ausfällt. Es enthält alle unentbehrlichen (essentiellen) Aminosäuren für den Organismus.	• Milch und -produkte
Katecholamin	Ein Pflanzenfarbstoff, der dafür sorgt, dass wir Ruhe bewahren und immun gegen Aufregungen und Ärger sind. Es macht uns stressfest.	• Banane
Kupfer	Kupfer ist ein Bestandteil vieler Enzyme im Körper. Es macht geistig fit, beugt Rheuma vor und stärkt die Nerven.	• Birne • Bohne • Kürbis • Spargel
Laktose	Laktose, auch Milchzucker genannt, ist das Kohlenhydrat der Milch. Sie fördert die Verdauung.	• Käse • Milchprodukte
Lecithin	Lecithin fördert den Fettstoffwechsel und trägt zu einer gesunden Gehirnleistung bei.	• Ei • Sojasprossen • Soja
Lektine	Diese Substanzen können Veränderungen an den Magen- und Darmschleimhäuten entgegenwirken, indem sie zum Beispiel die Anheftung schädlicher Bakterien verhindern.	• Bohnen • Knoblauch
Lignane	Sekundäre Pflanzenstoffe, die eine antioxidative Wirkung haben und das Krebsrisiko für Magen und Darm senken können.	• Brot • Sonnenblumenkerne und Co.
Linolsäure	Diese für den Körper wichtige mehrfach ungesättigte Fettsäure muss dem Körper zugeführt werden, da er sie selbst nicht herstellen kann.	• Sonnenblumenkerne

Wirkstoff	Wirkung	Vorkommen
Lutein	Ein sekundärer Pflanzenstoff, der zu den Carotinoiden zählt. Es senkt das Risiko für eine Makula-Degeneration (eine Netzhauterkrankung des Auges).	• Avocado
Lycopin	Ein Carotinoid, das vor Prostatakrebs schützt und allgemein das Krebsrisiko senkt. Es schützt die Haut vor den schädlichen Einflüssen der UV-Strahlung und stärkt Herz und Kreislauf. Zudem beugt es einer Arteriosklerose vor.	• Melone • Tomate
Magnesium	Ein Mineralstoff, wichtig für Knochen, Zähne und die Muskelkontraktion. Es beruhigt die Nerven und reguliert den Herzschlag.	• Banane • Brot • Kiwi • Mais • Spargel • Spinat • Zucchini
Mangan	Ein Spurenelement, das am Aufbau von Bindegewebe sowie am Insulin- und Dopamin-Stoffwechsel beteiligt ist. Es sorgt für gute Laune.	• Feige
Melanoidine	Diese Endprodukte einer Bräunungsreaktion (wie sie beim Backen geschieht) geben dem Produkt die typische Farbe und das Röstaroma. Sie unterstützen im Organismus den Abbau von Giften und Umweltschadstoffen und fördern die Ausscheidung von Viren, Bakterien und Pilzen.	• Brot
Milchsäurebakterien	Sie stärken die Darmflora und bekämpfen krankheitsfördernde Darmbakterien. Damit sind sie wichtig für eine gute und stabile Immunkraft.	• Sauerkraut
Molybdän	Dieser Bestandteil mehrerer Enzyme wirkt positiv auf die Liebeslust und -kraft.	• Feige • Spargel
Niacin (Vitamin B$_3$)	Vitamin B$_3$ ist am Auf- und Abbau von Kohlenhydraten, Fettsäuren und Aminosäuren beteiligt. Es stärkt den Körper gegen Allergien.	• Reis
Omega-3-Fettsäuren	Diese Fettsubstanzen stärken das Herz und den Kreislauf und verhindern Herzinfarkt und Schlaganfall. Sie senken hohe Cholesterinwerte und einen hohen Blutdruck. Darüber hinaus lindern sie rheumatische Beschwerden.	• Seefisch
Orotsäure	Orotsäure verlängert die Lebensdauer der Körperzellen. Außerdem hat sie einen positiven Einfluss auf die Blutfettwerte und schützt vor Arteriosklerose.	• Fleisch
Papain	Ein Enzym, das antibakteriell wirkt und die Verdauung fördert.	• Papaya
Papaya-Lysozym	Ein Enzym, das Bakterien entgegenwirkt.	• Papaya

Wirkstoff	Wirkung	Vorkommen
Pektin	Diese Substanz zählt zu den Ballaststoffen. Pektin senkt hohe Cholesterinwerte und beugt einer Arteriosklerose vor. Das Herz wird gestärkt. Darüber hinaus beugt es Darmkrebs vor.	• Apfel
Phenyl-Ehtyl-Amin	Eine Verbindung mit anregender Wirkung auf das Zentralnervensystem. Zudem wird die Produktion von Glückshormonen angeregt.	• Schokolade
Phosphor	Ein Mineralstoff, der am Knochenstoffwechsel sowie am Energiestoffwechsel der Zellen beteiligt ist. Er hält den Geist fit.	• Birne
Phytohormone	Pflanzliche Hormone, die Wechseljahrbeschwerden und die damit verbundenen Hitzewallungen lindern.	• Soja • Sonnenblumen-kerne und Co.
Polyphenole	Sekundäre Pflanzenstoffe mit antioxidativer Wirkung. Sie schützen das Herz und wirken einer Arteriosklerose entgegen.	• Schokolade
Pottasche	Auch Kaliumcarbonat genannt, senkt hohe Cholesterinwerte, stärkt das Herz und beugt einer Arteriosklerose vor. Weiterhin kann sie Darmkrebs vorbeugen.	• Apfel
Quercetin	Dieser sekundäre Pflanzenstoff schützt den Körper vor Umweltschadstoffen. Es hält das Blut flüssig und senkt das Risiko für Dickdarmkrebs. Es kann auch den Körper vor Allergien schützen.	• Beeren • Trauben • Zwiebel
Resveratol	Diese Substanz wirkt als Radikalfänger. Es hält das Blut flüssig, senkt das LDL-Cholesterin und erhöht das HDL-Cholesterin.	• Schokolade • Trauben
Rutin	Ein sekundärer Pflanzenstoff, der das Bindegewebe stärkt und somit der Cellulite entgegenwirkt.	• Zitrusfrüchte
Salicylsäure	Ein Pflanzenhormon, das entzündungshemmend wirkt.	• Beeren
Schleimstoffe	Diese Pflanzenstoffe wirken positiv auf die Verdauung, können Gifte aufsaugen und wirken entzündungshemmend.	• Senf
Selen	Selen ist ein essentielles Spurenelement und wirkt antioxidativ, d. h. es schützt die Zellen vor schädlichen Einflüssen. Zudem wirkt es stärkend auf das Immunsystem	• Brot • Seefisch
Serotonin	Ein beruhigend wirkender Stoff, der auf den Schlaf-Wach-Rhythmus sowie auf Stimmungen und Schmerzempfinden einwirkt. Serotonin wird auch als Glückshormon bezeichnet.	• Banane
Silicium (Kieselsäure)	Ein Spurenelement, das Haut, Haar und Nägel stärkt.	• Hirse
Sinalbin	Enthalten in den Samenkörnern des weißen Senfs. Es wirkt Infektionen entgegen.	• Senf

Wirkstoff	Wirkung	Vorkommen
Sinigrin	Ein Glykosid, das vor Infektionen schützt.	• Senf
Sitosterin	Ein sekundärer Pflanzenstoff, der die Immunkraft der Blase stärkt und somit einem Blasenkatarrh vorbeugt.	• Sonnenblumenkerne und Co.
Sulforaphan	Dieser sekundäre Pflanzenstoff schützt vor Krebs.	• Brokkoli
Theobromin	Eine Substanz aus der Kakaobohne. Es ähnelt in seiner Wirkung dem Koffein, ist jedoch schwächer, hat aber auch eine anregende Wirkung auf den Kreislauf.	• Schokolade
Tryptophan	Diese essenzielle Aminosäure sorgt für gesunden Schlaf und gute Stimmung.	• Banane • Dattel • Nüsse
Tyrosin	Eine Aminosäure mit stimmungsaufhellender Wirkung, die auch einen gesunden Schlaf fördert.	• Banane
Vitamin A	Wichtig für Wachstum, Funktion und Aufbau von Haut und Schleimhäuten sowie für den Sehvorgang, da es Baustein des Sehfarbstoffes ist. Es unterstützt die Sehkraft und verbessert Hautprobleme.	• Käse • Kürbis • Melone • Spinat
Vitamin B_1 (Thiamin)	Spielt im Kohlenhydrat- und Fettstoffwechsel eine wichtige Rolle. Verbessert die Konzentration und stärkt die Nerven.	• Banane • Brot • Feige • Haferflocken • Kiwi • Nüsse • Spinat
Vitamin B_2 (Riboflavin)	Nimmt eine zentrale Rolle im Stoffwechsel ein. Es unterstützt die Umwandlung von Fetten, Kohlenhydraten und Eiweißen in Energie.	• Feige • Kiwi
Vitamin B_3 (Niacin)	Hat eine wichtige Funktion beim Auf- und Abbau von Kohlenhydraten, Fetten und Eiweißen. Es sorgt für gesundes Blut und wirkt positiv auf das Gehirn.	• Bohne • Kiwi • Sauerkraut
Vitamin B_5 (Pantothensäure)	Ist ein Anti-Stress-Vitamin und wichtig für den Energiestoffwechsel in den Zellen. Es ist gut für die Fitness und hat eine positive Wirkung auf Haut und Haar.	• Avocado • Bohne • Dattel • Haferflocken • Kiwi • Mais • Papaya

Wirkstoff	Wirkung	Vorkommen
Vitamin B$_6$ (Pyridoxin)	Spielt eine wichtige Rolle im Eiweißstoffwechsel. Es stärkt die Nerven und baut den Kreislauf auf.	• Feige • Kiwi • Mango • Nüsse • Sauerkraut
Vitamin B$_{12}$	Wichtig für die Bildung der roten Blutkörperchen, für den roten Blutfarbstoff und für die optimale Funktion der Nervenzellen. Es wirkt positiv auf Vitalität und Leistungskraft.	• Banane • Fleisch • Mais • Sauerkraut
Vitamin C	Hat eine antioxidative Wirkung. Es stärkt das Immunsystem und schützt vor Erkältungskrankheiten. Das Gewebe wird gestrafft.	• Apfel • Beeren • Ingwer • Kartoffel • Keime und Sprossen • Kiwi • Melone • Papaya • Paprika • Sauerkraut • Tomate • Zitrusfrüchte
Vitamin D	Wichtig für die Knochen und für die Zähne. Es wird unter Sonneneinstrahlung in der Haut gebildet und sorgt dafür, dass unsere Knochen Calcium aufnehmen können.	• Kichererbsensprossen • Milch und -produkte • Eier • Fisch
Vitamin E (Tocopherol)	Wirkt als Antioxidans. Es stärkt das Bindegewebe und schützt vor Arteriosklerose. Weiterhin wirkt es rheumatischen Beschwerden entgegen und lindert Gelenkschmerzen.	• Beeren • Nüsse • Paprika • Spargel
Vitamin K	Ist ein wichtiger Faktor bei der Blutgerinnung. Es ist außerdem am Proteinaufbau beteiligt.	• Erdbeeren • Kohl • Spinat
Zellulose	Ist Bestandteil pflanzlicher Zellwände und zählt zu den Ballaststoffen, da der Mensch sie nicht abbauen kann.	
Zink	Ein Spurenelement, das die Fruchtbarkeit fördert. Es erhöht die Spermiendichte und hebt den Testosteronspiegel beim Mann. Außerdem stärkt es die Immunkraft und wirkt positiv auf den Geist. Es sorgt für gute Laune.	• Brot • Feige • Fleisch • Haferflocken • Hirse • Paprika • Seefisch • Sonnenblumenkerne und Co. • Spargel

Register nach Beschwerden

ISBN: 978-3-8094-3198-5

2. Auflage 2015
© 2014 by Bassermann Verlag, einem Unternehmen der Verlagsgruppe Random House GmbH, 81673 München
© der Originalausgabe by Südwest Verlag, einem Unternehmen
der Verlagsgruppe Random House GmbH, 81673 München

Umschlaggestaltung: Atelier Versen, Bad Aibling
Redaktion: Tanja Dostal, Idstein
Bildredaktion Food-Fotografie: Elisabeth Franz
Bildredaktion People-Fotografie: Tanja Nerger
Layout, Satz: Epsilon2, Konzept & Gestaltung, Augsburg
Satz für diese Ausgabe: Nadine Thiel, kreativsatz, Baldham
Food-Fotografie: Michael Holz, Hamburg
People-Fotografie: Marcel Weber, München
Alle weiteren Bilder: Prof. H. Bankhofer: S. 9 u.; Freisteller (Archiv)
Die Ratschläge in diesem Buch sind vom Autor und vom Verlag
sorgfältig erwogen und geprüft, dennoch kann eine Garantie nicht
übernommen werden. Eine Haftung des Autors bzw. des Verlags
und seiner Beauftragten für Personen-, Sach- und Vermögensschä-
den ist ausgeschlossen.
Reproduktion: Artilitho, Lavis
Druck und Bindung: Druckerei Theiss, St. Stefan im Lavanttal

MIX
Papier aus verantwor-
tungsvollen Quellen
FSC® C012536

Verlagsgruppe Random House FSC® N001967
Das für dieses Buch verwendete FSC®-zertifizierte Papier *Profimatt*
wurde produziert von Sappi Ehingen.

579082550206